新装改訂版

頭とカラダで考える
大賀幹夫の寝技の学校

THE SCHOOL OF NEWAZA

▶ 引き込み編

動画ALL

[寝技を愛する方々へ]

近年、寝技の個々の技術は世の中に満ち溢れています。
大きい本屋に行けば技術書から、インターネットに接続すれば動画投稿サイトから、
それらをいくらでも手に入れることができます。
しかし現在、多くの人が困っているのは、それらをたくさん知ってはいても
実力がその数に比例して上がらないということ。
なぜなら、そこには技術と技術をつなぐ理論が無いからです。
また、初心者の方がぶち当たる「寝技の壁」は高くて厚く、
それを乗り越えるための困難さは並大抵のものではありません。
なぜなら、現在の技術書は寝技がある程度できる人のためのものであり、
初心者の方が寝技をある程度できるようになるためのものは皆無だからです。
本書では、今までになかった「寝技の技術と技術を結ぶ理論」と
「初心者さんがある程度寝技ができるようになるための方法論」を解説しています。
内容は、大賀が柔術黒帯になってから、常識にとらわれずすべてを根本から考え直し、
理論を再構築したものがほとんどです。
大賀はこの裏づけにより、ムンジアル黒帯３位、マスター＆シニア黒帯優勝という
日本人としては最高レベルの実績を柔術競技で残すことができました。
初心者さんはもちろんのこと、黒帯の方にも役に立つヒントが詰まっている
今までに無かった画期的な技術書だと自負しております。
本書を、寝技を愛するすべての方々に捧げます。
ようこそ、寝技の学校へ。

大賀幹夫

CONTENTS

本書のハイライト

- 【引き込み】のまとめ ... 4
- 【手ぶらガード】のまとめ ... 6
- 【片袖ガード】のまとめ ... 8
- 【基本動作と応用技】のまとめ ... 10

1章 引き込みの方法　13

- 立っているときの姿勢 ... 14
- 構えのバリエーション ... 15
- 柔道選手がまっすぐ立つ理由 [豆知識] ... 16

＜自分の立技が強いときの引き込み＞
- 引き込みから三角絞め ... 17
- 豆知識 三角絞めのポイント ... 17
- 巴投げ風スイープ ... 18
- 豆知識 巴投げのポイント ... 19
- 草刈 ... 19
- 豆知識 スイープの原則 〜相手が崩れやすい方向 ... 21
- 隅返し ... 22

＜立技が互角のときの引き込み＞
- 片足を攻撃、片足を防御に使う ... 23
- 引き込んではいけない角度 ... 24
- 軸足の位置 ... 25
- 相手が頭を下げてくれない場合 ... 26

＜相手の立ち技が強いときの引き込み＞
- 立っているときの危険地帯を知る ... 27
- 引き込むときにつかむところ ... 28
- 相手が先につかんだ場合 ... 29
- 投げられづらい組み手 ... 30
- 引き込むときの危険地帯を知る ... 31
- お尻をつく位置と体勢4パターン ... 32
- ハーフガードに引き込む ... 33

2章 手ぶらガード　35

- 手ぶらガードとは ... 36
- 手ぶらガードのポイント1 ... 37
- 手ぶらガードのポイント2 ... 38
- 手ぶらガードのポイント3 ... 39
- 前後運動への対応 ... 40
- 円運動への対応 ... 41
- 裾をつかまれたときの対応1 ... 42
- 裾をつかまれたときの対応2 ... 43
- 足をどかしながらの円運動への対応1 ... 44
- 足をどかしながらの円運動への対応2 ... 45
- 豆知識 足を回して足裏を当てる方法 ... 45
- 頭まで回り込まれたときの対応1 ... 46
- 頭まで回り込まれたときの対応2 ... 47
- 豆知識 両手両足でバンザイする一人打ちこみ ... 47
- いきなり膝を腹に乗せてきたときの対応 ... 48
- 相手が足を伸ばしてきたときの対応 ... 49
- 相手がバックを狙ってきたときの対応 ... 50
- 豆知識 同側のエビをマスターする ... 50
- かつぎパスガードへの対応1 ... 51
- かつぎパスガードへの対応2 ... 52
- クロスニーパスガードへの対応1 ... 53
- クロスニーパスガードへの対応2 ... 54
- 手ぶらシッティングガード ... 55

3章 片袖ガード　57

片袖ガードとは	58
ガードへの入り方	59
前後左右の運動への対応	60
足首を取られたときの対応	61
腕を引いてきたときの対応	62
足をかつがれたときの対応	63
間合いを変えられたときの対応	64
デラヒーバ・スパイラルへの変化	65
クオーターからのスピンスイープ	66
スピンスイープからのもぐり	67
豆知識 ガードの変化例	68
ガードやベースの変化際に攻める	70
豆知識 片袖片襟ガードについて	71
豆知識 私の柔らかい関節と硬い関節	72

4章 基本動作と応用技　73

対角の肩と足を使うエビ	74
＜応用＞サイドポジションからのエスケープ	75
＜応用＞サイドポジションからのエスケープ　左腕の使い方	76
＜応用＞サイドポジションからのエスケープ　右腕の使い方	77
＜応用＞サイドポジションからのエスケープ　バックへ抜ける	78
＜応用＞サイドポジションからのエスケープ　フックスイープ	79
＜応用＞サイドポジションからのエスケープ　シッティングガード	80
豆知識 脇をすくうことの重要性	81
同側の肩と足を使うエビ	82
身体を反らせる動き	83
＜応用＞コムロックからの腕固め	84
＜応用＞両肘をつかんでの単純なスイープ	85
＜応用＞スパイダーやシザーススイープ	86
＜応用＞ハーフガードから正面に戻す	87
豆知識 相手との角度とスイープの方法の違い	87
手を振って起きる	88
＜応用＞パスガードを防ぐ1	89
＜応用＞パスガードを防ぐ2	90
＜応用＞パスガードを防ぐ3	91
豆知識 似ているパスでも逃げ方は変わる	91
頭上方向への移動	92
＜応用＞三角絞めで押しつぶされたとき	93
豆知識 足を重くするコツの応用	94

5章 道衣のつかみ方　95

下から袖口をつかむ	96
つかまれた袖口を切る	97
下から脇近くをつかむ	98
襟をつかむ	99
豆知識 片襟ガードで相手を制する方法	100
つかまれた襟を切る	101
下からズボンをつかむ	102
★クローズドガードからの崩し①	103
★クローズドガードからの崩し②	104
★スパイダーガードからの崩し	105
★ラッソーガードからの崩し	106
★襟を取ったデラヒーバガードからの崩し	107
★袖を取ったデラヒーバガードからの崩し	108
★クォーターガードからの崩し	109

COLUMN

僭越ながら大賀からのアドバイス①	12	僭越ながら大賀からのアドバイス②	34
僭越ながら大賀からのアドバイス③	56	★僭越ながら大賀からのアドバイス④	110

※海賊版動画は巻末（P223）にあります　★は新装改訂版に際し、新しく加わった要素です

1章 【引き込み】のまとめ

P013～P033

引き込みとは、お互いに立った姿勢から、片方あるいはお互いが自分から下になり寝技の攻防に持ち込むこと。単に寝れば良いように思えるが、引き込み際にテイクダウンを合わされたり、引き込んだとたんパスガードをされてポイントを取られるリスクがある。原理原則を理解して状況にあった引き込みをすることが必要。

▶ 自分の立ち技が強く、組み勝っているときの引き込み

「組み勝っている」とは、相手の動きを制して自分は自由に動ける状態のこと。道衣を握っている場所のことだけではなく、相手との間合いや角度、力の効かせ方などお互いの身体の状態など総合的な要因で決まる。組み勝っている場合はどのように引き込んでもいいが、両手で相手を引きつけながら両足で相手の腰を蹴るとより攻めやすくなる。

三角絞め　17ページ
足を揃えて引き込む　17ページ
巴投げ　18ページ
草刈　20ページ
隅返し　22ページ
腕十字固め　24ページ

▶ 組み手が互角のときの引き込み

これは、お互いに同じ程度自由を制されている状態のことを指す。とは言っても状況は刻々と変化するので、少しでも自分に有利な状況を作り、そのタイミングで引き込むようにする。

また、組み勝っているときは両足を相手に向けて攻めることに使ってもいいが、組み手が互角のときは、片足は攻めに片足は防御に使った方がいい。両足を相手に向けると両足とも制されてしまう危険性がある。

脚を開いて引き込む　25ページ
飛びつきガード　26ページ

▶ 相手の立技が強いときの引き込み

相手の立技（組み手）が明らかに自分より強い場合は、気をつけることが2つある。「スタンド危険地帯」に入らないことと、「引き込み危険地帯」にお尻をつかないことだ。スタンド危険地帯に入ると倒されやすいし、引き込み危険地帯にお尻をつくとパスガードされやすい。足は相手を蹴らず、縮めておくか相手の足に絡みつけることが必要になる。

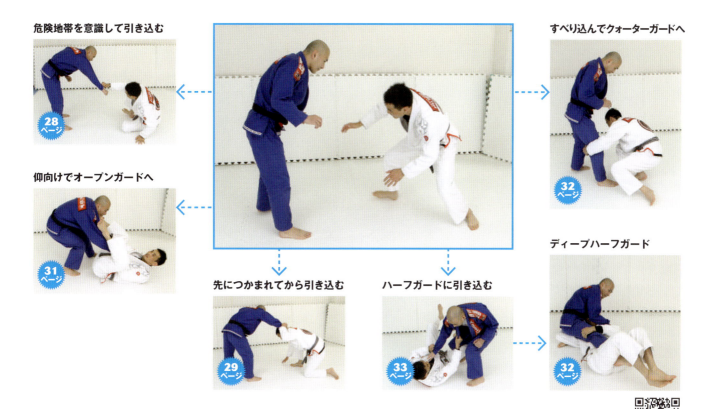

▶ どちらの足で引き込むか

お互いに右手で相手の左襟を取り、左手で相手の右袖を取っている場合、どちら側の足で相手の腰を蹴るかによって展開は大きく変わる。「左手は自由に動くが右腕の動きが制限されている」という相手の状況をよく理解して引き込むこと。相手の両袖をとっている場合は、相手のどちらの脇が締まっているかを観察して、同じように引き込む。

2章 P035～P055 【手ぶらガード】のまとめ

ここで解説するのは、下の写真のようにお互いにどこもつかんでいない体勢からの攻防について。本来、取り続けるべき形ではないが、実戦ではこの形になってしまうことも多く、また慣れてしまえばここから自分の得意なガードを作って攻めることができるし、相手の攻めにカウンターを取れるようにもなる。

▶ 相手をつかむことなく身体全体で対応するガード

相手をつかんでいないと不安に感じるが、落ち着いて相手の動きに対応すれば意外とかえって守りやすいということに気づく。相手をつかむことは必ずしも良いとは限らない。例えば右手で相手の左袖を取るということは、相手の左腕の自由を奪っていると言えるが、同時に自分の右腕の自由が無くなっていることでもある。右腕に力を入れると、右肩から右半身全体が動きづらくなり、場合によっては足腰の動きが悪くなることもある。

▶ 基本的な対応

スペースの関係でやや強引に「基本的な対応」と「ズボンをつかまれたときの対応」に分けているが、あまり気にしないでそれぞれの相手の動きに反応して対応して欲しい。

相手のファーストアタックさえ止められれば、その瞬間、相手は自分に近づいているので必ず手で相手をつかむことができる。そこを基にしてより固いガードを作っていく。

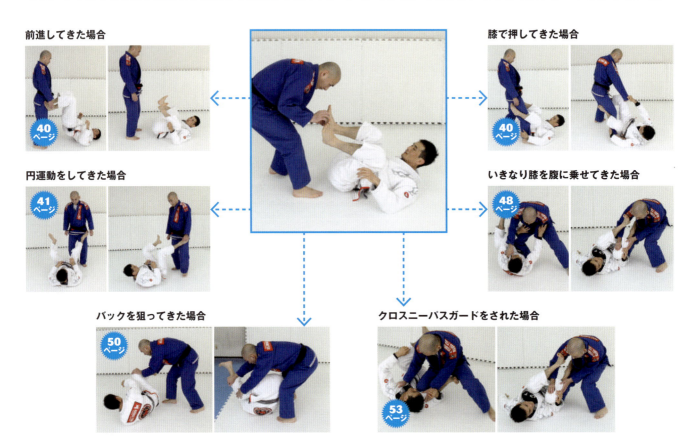

ズボンをつかまれたときの対応

　相手にズボンをしっかりとつかまれてしまうと非常に不利になってしまうので全力で防いだほうがいい。この際、必ずしも同じ体勢のまま防御をする必要はない。自分の方が立技が強ければ立てばいいし、シッティングガードが得意であれば座って前傾姿勢になるのもいい。ハーフガードが得意であれば相手の足をからみにいけばいいだろう。

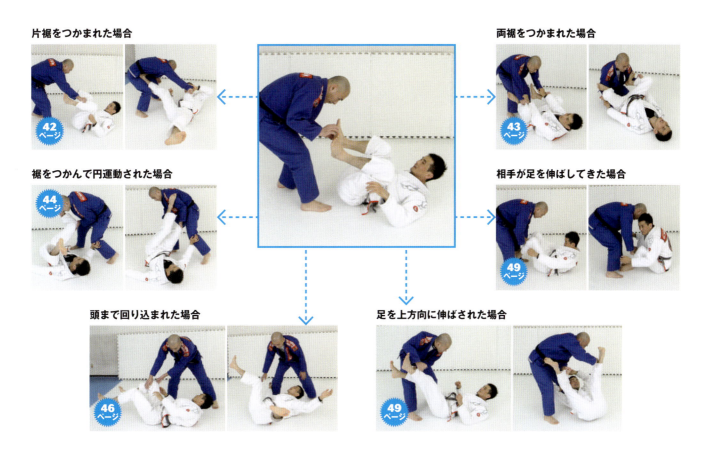

足をすくわれたときの対応

　相手がこちらの足と床の間に腕を入れて足をすくってくることがある。足をすくわれると足腰の動きを制されやすいし、肩でかつがれてしまうと身体を丸められてパスガードをされる危険性が高くなる。

　相手が足をすくってきたら、まずは手を使って防ぐことがおすすめ。こちらが手で相手の袖や襟をつかんでいたとしても、つかんでいることが有効でない場合は、それを放して自分の足を自由にすることに使ったほうが良い。

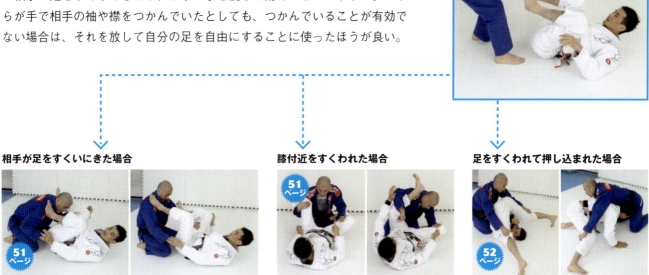

【片袖ガード】のまとめ

3章 P057〜P072

柔術には色々なガードがあるが、制する部分が少ないほうがシンプルで作りやすい。このガードは守りに堅く、自分の得意なガードに変化して攻めやすい。オープンガードの導入として覚えると良い。このガードには下のように色々な特性があるので理解して使う。

▶ 相手の片袖だけを制すればいい簡単ガード

前章の手ぶらガードから変化しやすいガード。ガードは大きく分けると、❶背中を床につけて腰を浮かし足を使って相手に対する形と、❷お尻(と、片肘や片手)を床に着けて身体を起こして相手に対する形の2つがある。片袖ガードは❶のタイプ。身体の固い人や、ガードに慣れていない人は、❶の体勢が苦手の人が多いが、このガードで❶の体勢での身体の使い方に慣れると上達が早い。

▶ 基本的な対応

両手で相手の片袖を取った場合、相手の腕は一本なのに対してこちらは二本なので相手の腕を制しやすい。相手の右袖をへそ付近まで引きつけてコントロールし続けられれば、あとは両足を適切なところに当てて、相手の動きに応じて対応することで容易に守ることができる。

後ろに下られた場合 / 足首を取られた場合 / 左右に動かれた場合 / 腕を引いてきた場合 / 足をすくわれた場合

8

▶ 片袖ガードからの攻撃

相手は取られている右手を切るために、右足を出してくることが多い。その場合、左手で相手の右足をつかむ。相手の右腕と右足をコントロールできたら、そこからガードを変化させて攻めにいく。

ガードの作り方の一つとして、相手が近づけてくれた手や足をつかんでガードを作るという方法があるが、もし相手が足を遠ざけてきたら、相手の両袖を取ってスパイダーガードに変化すればいい。

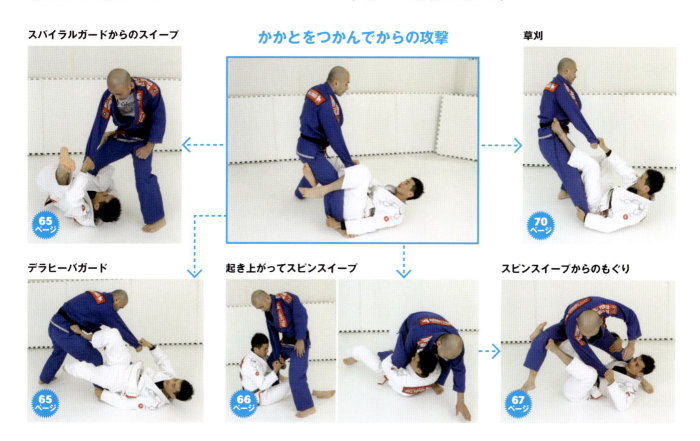

スパイラルガードからのスイープ　　かかとをつかんでからの攻撃　　草刈

デラヒーバガード　　起き上がってスピンスイープ　　スピンスイープからのもぐり

▶ 片袖ガードと他のガードの長所と短所

この表は、❶片袖ガード、❷両袖を取るガード、❸片襟を取るガードの3つについて比較したものである。❷の例としてはスパイダーガードなどがあげられ、❸としては片袖片襟ガードや片襟と膝をつかんで腰を蹴るガードなどが上げられる。片袖ガードについては、まず下のディフェンスを覚えたいという人には有効なガードだと言えるだろう。

どれも万能というわけではなく、それぞれ一長一短がある。それぞれのガードの特性を理解し、自分のスタイルに活かして使ってほしい。

	片袖ガード	両袖を取るガード	片襟をとったガード
長所	・取りやすい ・守りやすい	・攻めやすい ・守りやすい	・取りやすい ・腕一本で相手の身体全体を制することができる
短所	・このままでは攻められない	・取るのが難しい ・切られやすい	・安易に取ると自分の動きが制限されることがある

4章 【基本動作と応用技】のまとめ
P073～P094

柔術には多くの種類の基本動作があり、それらの間に優劣はない。いつもただエビだけをしてればいい、ブリッジをしていればいい、ということはなく、乱取や試合中に展開される無限の状況やそれぞれの瞬間に応じてあらゆる動きをしていく必要がある、ということをまずは理解する。

▶ 寝技で使う基本動作を身につける

　ここではページ数の関係上、通常の乱取で使う頻度が多かったり、誤解が多かったり、あまり知られていないが使うと有効な5種類の動きについて説明する。また、それを利用した応用技もあわせて取り上げる。大賀の筋力や柔軟性に合致した独特の動きもあるかもしれないが、思い込みや、間違って覚えてしまった動きや、状況に適していない本能的な動きは上達を阻害する大きな要因になるので、それらに気づくヒントとして使ってほしい。

対角のエビ

74ページ

サイドポジションからのエスケープ

76ページ

同側のエビ

82ページ

横に倒されたときの対応

50ページ

ニーオンザベリーからのエスケープ

82ページ

身体を反らせる動き

コムロックからの腕固め

各種スイープへの応用

手を振って起きる

相手がお腹側に回ってきたとき

相手が背中側に回ってきたとき

頭上方向への移動

三角絞めを潰されたときの対応

かつぎパスガードへの対応

11

僭越ながら大賀からのアドバイス

OGA'S ADVICE

柔術、寝技、初心者の方に多い悩みにお答えします

いつもやられてばかりでどうしていいかわかりません……

飛びぬけた素質を持っていない普通の方にとって、寝技は難しいものです。日常生活には似たような動作が無いので、一から学ぶことが多いからです。初めの頃は腕十字や三角絞めを習っても実際の乱取り（スパーリング）でまったく通用せず、一方的にやられるだけになることでしょう。ですから、まずは防御をメインに学ぶことをお勧めします。そうすると一本取られるまでの時間がだんだん延びていき、最後は取られなくなります。

しかし、防御を学んでいる期間でも攻撃の基本技の打ち込みは続けるべきです。先輩との乱取りでは通用しないかもしれませんが、自分の後に初心者さんが入会してきたらその人にはかかるからです。というか、かかるように完成度を高めておきましょう。技がかかる体験をすることで、その技をそのうち先輩にも極められるようになる可能性が高まります。

初めのうちは先輩にやられるばかりで苦しい期間が続くかもしれませんが、相手もそういう期間を過ごしてきたのですから、簡単にやっつけてしまったら相手がかわいそうです。また逆に、自分も入会してきた初心者さんにあっさりやられたら嫌でしょう。時間は少しかかるかもしれませんが、少しずつでも続けていれば、物事が腑に落ちる瞬間が段階的に訪れますのでそれを楽しみにしていて下さい。

何か分からないけど、気がついたらスイープされて、気がついたらパスされて、気がついたら一本取られそうになっていて、死に物狂いでもがいたけど結局一本取られてしまう。どうしたらいいの——という方も多いです。

まずは落ち着いて、何が起こっているかを観察しましょう。分からなかった場合は相手に聞きましょう。教えてくれなかったり相手も分からないと言ったら動画を撮りましょう。最近はスマートフォンが普及しているので簡単に見直せるでしょう。動画が撮れなかったら、"わざと"同じパターンで何度も相手にその技をかけさせます。わざと技をかけさせると、自分と相手を観察しやすくなることに驚く人も多いです。「ああ、俺、こういう状態からこうやっ

てああやってやられてたんだ」と。分からないことがあったら立ち止まりましょう。走り続けても構わないのですが、今まで走り続けても上手くいかなかったのであれば、違うことをやってみるのも一つの方法です。何が起こっているのか分からなければ対策もクソもありません。

観察できて状況を理解できたら、自分で問いを作ります。正しい問いを立てることができたら問題の半分は解決したも同然です。問題を解くには複雑に考える必要はありません。「常識」を使えば普通に解決できることも多いです（右に返されたくなければ、左に体重をかける、とか）。

どうしても分からなかったら、まずは指導者に聞きましょう。「こういうときに、こうされたら、どうしてもやられてしまうんですけど、どうしたらいいですか？」と具体的に質問すれば良い対応を教えてくれるかもしれません。少なくとも「何か分からないんですけど・・・」と聞くよりは、有益な情報を得られるはずです。

指導者がいなかったり、返答が有益でなかったら自分でなんとかする必要があります。その人（Aさん）より強い人（Bさん）がいたら簡単です。Bさんに「Aさんにこうされたらどうしてますか？」と聞けばいいです。聞けなかったり教えてくれなかったり、分からないと言われたりしたら、AさんとBさんの乱取りを観察します。許可がもらえればスマホで撮影です。それで防ぎ方が分かるはずです。ひょっとしたらAさんはその技をかけてないかもしれません。その場合は「技の防ぎ方が分からなかった……」と嘆くのではなく、何故AさんはBさんにその技をかけられないのか、という視点で考えます。それが真似できるものであった場合は、それが答えになります。

色々な方法で知恵を絞って観察→対策→実行→観察——のサイクルを回していくことをお勧めします。問題解決にはこれ以外の方法はありませんし、この方法はあらゆることに応用が利くので使いこなせると他の面でも役に立つはずだからです。寝技をそのための楽しいツールとして使っていただけると、大賀としては本当に嬉しいです。

▶引き込み編
THE SCHOOL OF NEWAZA

1章

引き込み

立っているところからどうやって引き込んだらいいのか悩む初心者は多いはず。
下手な引き込み方をすると、あっという間にパスガードされてしまったり、
パスされなかったとしても不利なポジションになってしまうものだ。
本章では、引き込んでから不利なポジションにならないように、立ち技における相手との関係性──
自分が強い、互角、相手が強いの3つのパターンに分けて、引き込み方のノウハウを細かく解説する。

引き込み編
▶ 1章　引き込みの方法

立っているときの姿勢

立ち技ができない人のための基本姿勢

重心が
両足より前

立技ができない人のための構え、または明らかに相手の立技が強い場合の構え。テイクダウンの2点を取られないように引き込むことが重要。組際や引き込み際にテイクダウンされることを最も注意する。写真のように、重心が両足より前にあるとテイクダウンを取られづらい（詳細はP15を参照）。両踵をかすかに浮かせ、前につんのめっているような状態。自分からテイクダウンをかけるには不適な構えだが、相手のテイクダウンを防いだりスムーズに引き込むことには向いている。

【参考】立ち技ができる人の構え

単に膝を曲げて重心を下げた構え（写真左）と両足を広げて重心を下げた構え（写真右）。自分が動きやすいので、立ち技ができる人は普通にとる構え。ただし、立ち技の防御ができない人が構えだけ真似をしたら、写真左は両足、写真右は右足が相手に近いので、そこを攻撃されて倒されやすい。

引き込み編
1章 引き込みの方法

タックルに対する構え

▶応用姿勢1　両足を守る構え

両手を前に伸ばすと、相手が近づきづらくなるので、相手のタックルを防ぎやすくなる。欠点は、袖や奥襟を取られやすくなること。タックルが得意なレスラータイプが相手の場合に有効な構え。

▶応用姿勢2　袖や襟を守る構え

手で襟を守ったり腕を後ろに引いて相手に取られづらくすると、投技を防ぎやすくなる。欠点は、タックルに入られやすいこと。組んでからの投げが得意な柔道選手タイプが相手の場合に有効な構え。

❗技のポイント ▶▶▶ 相手のタックルが強力な場合、指先を膝の高さにおく

相手のタックルが非常に素早い場合、両指先が両膝の高さにくるように構える。これはバーピーをやり始めた形とも言えるので、着地するまでの時間が短くなるし、相手の脇を容易にすくえる。

▶応用姿勢3　大賀が使っていた構え

大賀が実戦でよく使っていた構え。試合が始まったらすぐに引き込んで寝技の攻防に持ち込むことを狙っている。右手を伸ばし、左手と膝を床に近づける。胴体は反らすこと。

❗技のポイント ▶▶▶ 引き込むときはその場でしゃがむ

右手を前に出すことで、相手と間合いを取れるし、相手が近づいてきたら素早くつかむことができる。左手と左膝を床に近づけておくことで、着地するまでの時間も短くてすむ。左足をたたんで、お尻を床につくことが重要。お尻をつかない片膝立ちだと、倒されるとテイクダウンのポイントを取られる恐れがある。

引き込み編

1章　引き込みの方法

覚えておきたい技の豆知識
柔道選手がまっすぐ立つ理由

柔道では亀になって審判の待てがかかればノーポイント

柔術では仰向けでもうつ伏せでも倒されるとポイントを失うし、"待て"もないので上から攻め続けられてしまう。よってタックルを確実に防ぐため、柔術では前傾姿勢の構えが望ましい。柔道では現在タックルは禁止だし、うつ伏せで倒れて亀になって審判の待てがかかればポイントは失われない。柔道は基本的に組み合って投げ技の攻防を行う競技なので、真っ直ぐ立つことが求められる。

腰を動かして相手の技を防ぎやすい

組み合って真っ直ぐに立つと身体が自由に動くので、柔道が持つ手技・腰技・足技・捨身技などのさまざまな種類の技をかけやすくなる。また、腰を動かして相手の技を受けて即反撃に転ずるなどの攻守一体の展開もできる。技術的側面以外でも、柔道には文化的・教育的理由もあり、真っ直ぐに立った姿勢で競技を行うことが求められていると言える。

引き込み編
1章 引き込みの方法

自分の立技が強いときの引き込み — 引き込みから三角絞め

ここからは自分の立技が強いときの引き込みについて解説する。

技のポイント ▶▶▶ 相手が頭を下げて後ろに下がったら三角絞め

1 組み勝っていて相手が自由に動けない状態。さらに相手を動かして隙を作らせる。

2 左足を相手の右腰に当てて、強く蹴りながら引き込み、そのまま右足で相手の左腰も蹴る。

3 左足を伸ばすことと両手で相手を引き付けることで、相手の体勢を崩すことができる。

4 相手が頭を下げて遠ざかったら、相手の右腕を両手で引きながら右足を相手の首にかける。

5 足を三角に組み、両腕で自分の右膝と相手の頭を引き付けて絞める。

膝の裏が頚動脈に当たるように

自分の右膝裏奥を相手の左首に密着させてから右膝を曲げると、相手の首がよく絞まる。相手の頚動脈の位置を意識してそこがつぶれるように。

覚えておきたい 技の豆知識 — 三角絞めのポイント

技のポイント ▶▶▶ 痛くさせないで落とす絞め

胴体を反らす

三角絞めのやり方は人それぞれ。大賀は足を組む前に左膝頭と右膝裏とで相手の脇と首を挟むことと、絞めるときに自分の胴体を丸めないことを意識している。

✕ NGムーブ ▶▶▶ 膝裏と首に隙間を開けない

角度が悪かったり右膝を曲げることを急いでしまったりすると、右膝裏と相手の首が密着せず絞まりづらくなることがある。

17

引き込み編
▶ 1章　引き込みの方法

自分の立技が強いときの引き込み ― # 巴投げ風スイープ

❗ 技のポイント ▶▶▶ 相手が前にきたら巴投げ風スイープ

1 組み勝っていて相手が自由に動けない状態。

2 左足を相手の右腰に当て、相手の右腰を強く蹴りながら引き込む。右足も左腰を蹴る。

3 相手が下がらずに前へ出てきたら、巴投げのチャンス。相手の頭が下がっていることが必要。

4 少し浮かした腰を強く床につける勢いを使って両手で相手を前に引き出す。足は相手に密着させるだけ。

5 両手で相手を引き出す。両足裏が天井を向いたところで初めて両足で相手を持ち上げ始めるように。

6 両足で相手を持ち上げ始める。両腕は、相手が手を床につけないように相手の両肘を空間に固定する。

7 横から見ると、相手は相手の両肘を中心に回転するような感じになる。この時点で自分が腰を浮かし右斜め上に顔を向けて首抜き後転を始めることも大事なポイント。

8 相手を投げた後は、肩を床につき首を抜いて後転する。首が引っかかると怪我をするので注意。

腕の使い方。脇を締めて矢印方向に力をかける。相手の体重に負けると相手の手が床についてしまう。

写真5では脇を開けて相手を引き出し、写真6からは脇を締めて相手の肘を空間に固定する。

引き込み編
1章　引き込みの方法

覚えておきたい
技の豆知識

巴投げのポイント

相手を浮かせた後、上になるまでのプロセス

1
足で相手を持ち上げた後、相手の背中を床につかせるが、落とす位置が問題。

2
両手で相手の肘の位置を調整して落下位置をコントロールする。お互いの頭が横に並ぶくらいの位置が良い。

右膝は顎付近に引き付ける

3
相手の頭が左肩の上にある場合、左肩を床につき首を抜いて後転する。顔は左を向いて顎を上げるといい。

4
この連続写真では分かりやすいようにゆっくり行っているが、実際は、相手の背中が床についた瞬間に後転を始めている。

5
相手の胴体をまたいで正座してマウントを取る。ここまできたら両手で床を押すと頭を上げやすい。

6
試合で3秒以上このポジションをキープすれば、スイープの2点とマウントの4点の合計6点を得ることができる。

✖ NGムーブ ▶▶▶ 最初から蹴っていると相手は乗ってこない

巴投げでよく見られる悪いパターン。両手で相手を引き寄せているのにもかかわらず足では遠ざけてしまっている。足裏はただ相手の腰に密着させるだけで押さないようにして、膝は自分の肩に近づけるようにするのがよい。

せっかく相手を浮かすことができても相手の手が床についてしまっている。ここから返せないこともないが相手が指に怪我をする事もあるので注意。相手の肘を天井の方向に押し込むと相手は手を床につけない。

相手の頭が自分の頭の真上にあると首抜き後転がしづらい。左右どちらかにずらした方がいい。また、相手の位置が遠いと上になってもガードに戻されやすい。

引き込み編

1章　引き込みの方法

自分の立技が強いときの引き込み — ## 草刈

❗ 技のポイント ▶▶▶ 相手が後ろ重心だったら草刈

1
相手の体重が後ろにあると草刈が利く。相手の右足を払い相手の足を左右に揃わせる。

2
相手の足が揃ったら右足に重心をおき、左足を床から浮かせて相手の両足の間にすべりこませる。

3
右手で相手にぶら下がると引き込みやすいし、相手が踏ん張るので後ろに倒しやすくなる。

4
左手で相手の右踵を取り、右足を相手の腹に当て、左踵かふくらはぎを相手の左踵に当てる。

4'
別角度。相手の踵に当てている左手と左足は床をこするように。床から離れるほど技が利かない。

右手を引いて上体を起こす
5
相手が倒れ始めたらすぐに右足を外し、立ち上がるために×印付近に置く。右手も十分利かせる。

6
右足で床を蹴って起き上がる。このとき、左足をたたんでおかないと起き上がれないので注意。

7
両足で相手の左足を制したまま攻める。

❌ NGムーブ ▶▶▶ 右足を外さないと立ちずらい

相手を倒した後、右足を相手の腰に当てたままだと起きづらい。ただし、ここから巧みに左足で床を踏みしめて立つ方法もある。相手を踏むと悪いと思うので大賀はあまり使わない。

引き込み編
1章　引き込みの方法

覚えておきたい 技の豆知識
スイープの原則 ─相手が崩れやすい方向─

相手が崩れる方向を理解することがスイープ成功の第一歩

相手が立っていて踵に体重がかかっている場合、踵と踵を結んだ線に対して垂直な方向に力が加えられると相手は倒れやすい。つまり相手を倒そうとするならば、その方向に力をかけるのはもちろん、力を加えやすい場所に自分の身体を位置させることが大切になってくる。これはスイープを成功させるための大きな原則の一つ。

▶応用テクニック　相手の防御に合わせて返す方向を変える

巻きスパイダーから矢印方向に相手を返そうとしたら、相手が右足を出してスイープを防いできた場合。

腰を浮かし両手足に適切に力をかけることで自分の身体を回転させる。このことで相手の体重がかかっている部分である左膝と右足裏を結んだ線に対して垂直な方向に力をかけられるようになる。浮かした腰を矢印方向に落とすことによって相手に強い力がかかる。

相手の右肘を床につけさせるようにして、相手の左足を右手で天井方向に持ち上げることで相手を回転させる。自分の身体は小さく丸くして相手の身体の下で回転させるすることで、相手の身体は自分の身体の上を大きく回転して転がることになる。

> 引き込み編
> ▶ 1章　引き込みの方法

自分の立技が強いときの引き込み ― # 隅返し

❗ 技のポイント ▶▶▶ 相手が半身になってきたら隅返し

1
相手が半身（右手右足を前に出している状態）になってくると草刈をかけづらくなるが、逆に隅返しをかけやすい。

2
相手の右袖を自分の右手に持ち替えて強く引き付けると、相手がより半身の体勢になる。

3
左脇を大きく開けて左腕を伸ばし、相手の左腰近くの帯を取る。左脇で相手の右肩を上から包み込む感じ。

3'
左脇で相手の右肩を包み込み、さらに脇を締めることで相手の右肩を制御する。両足裏を軽くして脇で相手にぶら下がるように。

> 互いの左の頬を向かいあわせる

4
左足甲を相手の右そけい部に当てる。写真3の時点で両足が相手に近いと足を刈られる危険があるので注意。

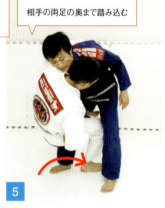
> 相手の両足の奥まで踏み込む

5
足と足の間になるべく深く踏み込む。このとき相手にはぶら下がり続けるイメージ。踏み込みは深いほど良い。

> 浮かす方向と返す方向は違う

6
右足で床を蹴り、❶両足を広げる力で相手を跳ね上げる。❷相手が逆さまになったら身体を左にひねり相手を左側に倒す。

7
左肘を中心に身体を左にひねると相手の胸に頭が乗って自然に抑え込みの形に。右手を自分の下腹に引き付け、左肘と右足で身体を支えて左足を抜く。

8
胸を付けて抑え込む。写真3の時点で相手の帯をしっかり握りこむこと。指先だけをひっかけて行うと床と相手の身体に挟まれて怪我をすることがある。

引き込み編
1章 引き込みの方法

立技が互角のときの引き込み ── ## 片足を攻撃、片足を防御に使う

ここからは立技が互角のときの引き込みについて解説する。

技のポイント ▶▶▶ 攻撃と防御と両方の準備をする

1 組み手の強さが互角の場合、相手の身体を制することができないし自分の身体も自由にならない。

2 相手を動かしていく中で自分の組み手が少しでも良くなった瞬間に引き込む。

3 左足で相手の右腰を蹴って引き込むが、身体は真後ろに倒さず、左腰、左肩を床につける。

4 右足を相手につかまれないところまで大きく振り上げる。ここで自分の体勢が十分であれば攻めるし、相手の方が有利だと感じたら守りに徹する。

❌ NGムーブ ▶▶▶ 両足とも相手に差し出さない

組み勝っているときは両足を攻めに使ってよいが、相手が動ける状態で両足を腰に当てていると足をさばかれやすい。両足を差し出しているのと同じ。

技のポイント ▶▶▶ 万が一腰の足をさばかれても反対の足でフォローできる

1 左足は守りのメインとして相手の腰に当て右足はサブとして自由な状態に。両手は無意味に強く引かない。

2 相手がこちらの左足を腰から外して攻めてこようとしたら、サブにしていた右足を回して相手の右肩に当てる。

3 右足で蹴って相手の体勢が崩れたら、片袖ガードなどを作り攻めに転じる。

23

引き込み編

▶ 1章 引き込みの方法

立技が互角のときの引き込み

引き込んではいけない角度

✕ NGムーブ ▶▶▶ 相手の手が自由な側の腰を蹴ろうとすると足を取られる

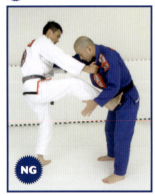   

左手は相手の右袖、右手は相手の左襟を取っているとき、相手は左腕を自由に動かすことができる。

この状態で相手の左腰を蹴りにいくと相手に足をキャッチされやすく、そのまま間合いを詰められてしまう。

写真では見えづらいが、相手の右足で左足を刈られている。

倒されてテイクダウンの2点を取られてしまう。

✕ NGムーブ ▶▶▶ パスをされやすい上、腕十字固めを極められてしまうことも

テイクダウンを合わせられなかったとしても、相手の左手が空いていると引き込んだ後、右足をどかされてパスガードをされやすい。また、相手の襟を取っている右腕は伸びているので、そのまま腕十字固めを取られる危険性が高い。

▶ 応用テクニック ただし組み勝っていればこちらが腕十字固めを取れる

1 自分の組み手の方が強いとき、相手が腕を突っ張って間合いを取ろうとしているため右脇が開いている。この右腕を狙う。

2 右足を振り上げて引き込みに行く。足は相手の脇に向けて振り上げてもいいし、左腰を蹴ってもいい。

3 両手足を使って相手と90度の角度を作りながら、相手の右腕を引き付ける。

4 左足を相手の頭にかけ、両腿で相手の腕を挟む。相手の肘を伸ばすことで腕十字を極める。

引き込み編

1章　引き込みの方法

立技が互角のときの引き込み ─ # 軸足の位置

技のポイント ▶▶▶ あえてバランスを崩して引き込む

中央の縦の線が自分の重心線。このように右足が重心線から離れている場合、左足を床から離せば、当然、身体は左側に倒れる。右足を相手から十分離れた所（矢印の先）に位置させることで、より一層左側に倒れやすくなる。右足の爪先は右側を向いているほうが良い。

1　今まで体重を支えていた左足を浮かすことで、身体は自然に左側に倒れ始める。右足は床を支えたまま。

2　接地したところ。相手の腰に対して、自分の頭から胴体、腰が同じ距離の円弧を描くような形になる。

1'　別角度から。腕の力で引きつけるのではなく回転しながらぶら下がる感じ。右足が床から浮いているとこの動きができない。

左足を中心に円を描くようにぶら下がる

3　身体が接地したら右足を振り上げる。自分の身体が相手の正面にいないことに注目。写真中の角度Aは90〜180度。

角度A　相手の正面方向に寝ない

NGムーブ ▶▶▶ 引き込みたいならバランスをとらない

NG　右足が重心線に近いところで左足を浮かすと、一見安定していて良さそうに見える。

しかし、引き込みたいのにバランスをとるのは意味がない。片足立ちの時間が長くなる。

さらに、右足が相手に近いので足払いやタックルを受けやすい。テイクダウンの2点を取られてしまう。

テイクダウンされて下になった場合は、能動的に引き込んだ場合と違ってガードを作りづらく攻められやすい。

25

引き込み編

▶ 1章　引き込みの方法

立技が互角のときの引き込み

相手が頭を下げてくれない場合

❗ 技のポイント ▶▶▶ ベースが強い相手には飛びつきガードで

後ろの足から飛びつく

1　組みあったときに、普通に引き込んでも相手の頭が下がりそうにないと感じたら……。

2　腰を蹴って引き込むのを止めて両足で胴体を巻きにいく。相手は腰を出しているので対応できない。

3　相手が立ったままでは攻めづらいので、身体を揺すって相手に膝をつかせる。

❌ NGムーブ ▶▶▶
受け手は腰を引くと膝を傷める

4　上の人は相手をゆっくりと床に下ろすようにする。勢い良く床に落とすと試合では反則になる。

上の人は、片足を前に残したまま腰を引くと、体重が膝に乗って怪我をすることがあるので注意。

❌ NGムーブ ▶▶▶ 体幹が強く頭を下げない相手に腰を蹴って引き込んではいけない

腰を蹴って相手の上体にぶら下がり相手の頭を下げさせようとするのに対して、相手が腰を前に出して防いでくる場合がある。こうなると相手との間合いは変わってしまう上、組み手を切られたり腕が伸びきってしまったりということになる。これでは有効なガードの体勢を作ることができないし、逆に攻められてしまうことが多い。

引き込み編
1章　引き込みの方法

相手の立技が強いときの引き込み
立っているときの危険地帯を知る

ここからは相手の立技が強いときの引き込みについて解説する

技のポイント ▶▶▶ 相手に技をかけられない距離を保つ

NGムーブ ▶▶▶ スタンド危険地帯に長時間入らない

テイクダウンの不得意な人が危険地帯に立つということは、ただ単に相手にテイクダウンをする機会を与えているだけ。もちろんテイクダウンに自信がある人は遠慮なく間合をつめて攻防を行う。

立技の弱い人にとっては「スタンド危険地帯」があることを知る。危険地帯とは、そこに足を踏み入れると相手の手や足が自分の身体に届いてしまうところ。引き込むために相手をつかむときは必ず危険地帯に入らなければならないが、その時間はできるだけ最小限にする。素早く出入りをして、相手に技をかけるチャンスを与えない。

技のポイント ▶▶▶ 距離をとるときは相手の死角の方向に継ぎ足で回る

1
左に動く場合は、まず左足を広げてることから始める。

2
次に右足を引き付ける。この際、足幅が狭くなりすぎたり、重心が上下しすぎないようにすること。

3
再度、左足を外に広げる。この動きを繰り返して移動する。

NGムーブ ▶▶▶ 足を交差させてはいけない

右足から動き出して足が交差してしまったり両足が揃ってしまったりすると、相手のタックルや足技を受けやすくなるので注意すること。

27

> 引き込み編
> ▶ 1章　引き込みの方法

相手の立技が強いときの引き込み — 引き込むときにつかむところ

▶組み手1　両手で相手の片袖をとる

1
組み手が相手より弱い場合は、相手の襟を取ることは難しい。無理に取りにいくと捕まってしまう。

2
もし袖がつかめれば相手の動きを封じやすい。両手で相手の袖を持ち、そこに体重をかけるように。

3
自分の足を遠ざけていくと自然に相手の袖に体重がかかる。そのまま相手に近づかないように座る。

✕ NGムーブ ▶▶▶ 意味なく相手を引き付けない

立技に自信がある人は相手の袖を引き付けて攻めてもいいが、相手の方が強い場合は無闇に引き付けないほうがいい。近づかれてやられるだけ。守るとなったら相手を近づかせないことが大切。

▶組み手2　片襟の下のほうをとる

1
相手の袖を取れないときは片襟を取る。左手の位置もポイント。

2
右腕で相手との距離をとりながら、左手を床につき左足をたたみながら安全地帯に座る。

3
引き込む人は右腕を伸ばしているので、相手の飛びつき腕十字や三角絞めに気をつける。

左手を相手の右膝前に置くと、引き込み際の足技や飛びつき技を防げる。

✕ NGムーブ ▶▶▶ 相手の足を自由にさせないこと

左手を遊ばせておくと、間合いを詰められて足技をかけられてしまう危険性がある。左手を相手の膝前に置いておけば、相手が足技を使おうとしたら、足が自然と左手に当たるので未然に足技を防ぐことができる。

28

相手が先につかんだ場合

相手の立技が強いときの引き込み

▶組み手3　奥襟をとられた場合

1
奥襟を取られたら、まずは相手の揺さぶりに対しバランスを崩さないようにする。右手を取られると投げられやすくなるので、右手は相手から遠ざける。

2
奥襟をつかんでいる相手の右袖口を左手で取る。引き込むときには必ず相手をつかまなければいけないので、これは最低限必要になる作業。

3
右手を床につき、左足を相手からさらに遠ざけるようにして左膝を床につく。身体の左側を相手から遠ざけたいので右膝より左膝を後ろに引いて座る。

4
ルール上、片膝立ちは立っていると見なされ、転がされるとテイクダウンの2点を取られるのですぐに正座になる。あとはガードを作っても立ってもいい。

✗ NGムーブ1 ▶▶▶ 距離が近いとパスされやすい

近くに座ると相手が圧力をかけやすく、パスされたり後ろに回られたりしやすい。奥襟を取られたら引き付けられてしまう前に遠ざかるように正座すること。

✗ NGムーブ2 ▶▶▶ 襟や袖をとりにいくと投げられやすい

立っているときに強く引き付けられ、パニックになって相手をつかみにいくと投げられる。左腕で相手の右脇や右胸を押して間合いを作るといい。

引き込み編

▶ 1章　引き込みの方法

相手の立技が強いときの引き込み

投げられづらい組み手

▶組み手1　帯をつかむ

相手の帯を握って腕を突っ張り、スタンド危険地帯に入らないようにする。防御としてはとても固い。膝を曲げ、腰が頭より低い位置にあるようにする。

▶組み手2　片襟の下のほうをつかむ

帯が取れない場合は、片襟の下の方をつかんで腕を突っ張る。相手に隙があれば左手で足を取って攻めてもいい。

✕ NGムーブ1 ▶▶▶
背中を丸めてはいけない

膝が伸びていたり背中が曲がっていたりすると、帯を取られて返されたり前に引き出されて崩される。また、足が相手に近くなると足技を受けやすい。

▶組み手3　片襟をつかむ利点

片襟だと腕を反対側まで持っていかれにくい

相手がこちらの右腕を引き出して投げようとする際、右襟を取っていれば、写真のように相手の道衣の右襟側が引っかかるため、相手は十分に引き出すことができず投げるのが難しい。また、身体を回転したり密着したりという動作もやりづらくなる。

✕ NGムーブ2 ▶▶▶ 少しでも投げられにくい組み手に

「柔道の授業で習ったから」と言って理由もなく右手で相手の左襟を取ってしまうと、相手に引き出されて投げられやすい。柔道は基本的にお互いが技をかけやすいところをつかんで投げる技術を競う競技なので、片襟は6秒以上握っていると反則である。柔術にはそういう考え方もルールもないので、投げられないコツを理解して自分なりの得意な組み手を身に付けるべき。

30

1章　引き込みの方法

相手の立技が強いときの引き込み — 引き込むときの危険地帯を知る

❗ 技のポイント ▶▶▶ 引き込み危険地帯の中に座らない

1　「引き込み危険地帯」があることを知る。危険地帯とは、組み手が不十分なときにそこにお尻や背中をつくと、相手の攻めが防ぎづらくなるところ。

2　相手の袖口が取れたら無闇に引き付けない。袖口をそこに固定する感じ。

3　左手を床につき、左足をたたみながら座る。相手に近づかずむしろ遠ざかる感じ。身体は前傾姿勢で相手の圧力に負けないように。右手は相手を止める。

❌ NGムーブ ▶▶▶ 組み負けているときは危険地帯に入ってはいけない

自分が組み負けていて相手が自由に動けているときに「危険地帯」に座ってしまうとパスガードをされやすい。また、身体が後傾しているとさらにあっさりパスされてしまうので注意。

▶応用テクニック　組み勝っていれば危険地帯に座ったほうがいい

1　組み勝っている場合は、腰を近づけて引き込んでもいい。

2　腰を近づけることで、左膝にためができている。

3　ためができた左膝を伸ばすことで、相手の腰を力強く蹴って相手を崩すことができる。

❌ NGムーブ ▶▶▶ 遠いと足が届かない

せっかく組み勝っているのに遠くに座って引き込んでしまうと、足が届かなかったり、膝のためがなくて十分に相手を崩せなかったりということに。

引き込み編

▶ 1章 引き込みの方法

相手の立技が強いときの引き込み

お尻をつく位置と体勢4パターン

技のポイント ▶▶▶ 一気に距離を縮めるか遠くに引き込むか

相手の立技が強いときの引き込みには、近づいて行なうものと距離をとって行なうものの2つがある。また、その際のガードの形としては、前傾姿勢と背中を床につけた体勢の2種類があるので、引き込みの方法論としては2×2の計4種類のパターンが考えられる。

またP27で解説したとおり向かい合う二者の間には「スタンド危険地帯」がある。遠ざかって引き込む場合もなるべく危険地帯には入らないほうがいいし、近づいて引き込む場合は素早く危険地帯を通過する必要がある。相手の立技が強いと思われるときは、こうしたことを頭に入れ、十分テイクダウンに注意して引き込まなければならない。

▶ 一気に距離を縮める戦略1　クオーターからタックルへ

離れた間合いからタックルを取るように一気に走りこみ、相手の足にしがみついてクオーターガードを取る。相手の体重が後ろにかかっていれば、そのまま立ち上がってタックルで倒す。密着してタックル系が得意な人向き。もし相手が右膝で押し込んできたらもぐる。

▶ 一気に距離を縮める戦略2　ハーフからディープハーフへ

離れた間合いから一気にハーフガードの体勢に入る。P34のように相手の左脇をくぐってバックを取ろうとした場合、もし相手がうまく体重をかけてバックに行かせてくれなかったら、そこからさらに潜ってディープハーフガードの体勢にすることができる。ハーフガードからの展開が得意な人向き。

▶ 距離をとった戦略3　前傾で座る（手ぶらシッティングガード）

離れた間合いから「引き込み危険地帯」に入らないように、相手の片襟をつかんで前傾姿勢で座る。前傾姿勢でいる限りパスガードはされにくいが、横から回り込まれるとバックを取られやすいので、その場合はすぐに1か2か4の形に変化する。フックガード系の攻めが得意な人向き。（P55を参照）

▶ 距離をとった戦略4　仰向けでオープンガードへ

離れた間合いから相手の片袖片襟をつかみ、距離をとりながら後ろに背中をつけて寝る。相手の死角側に回り込みながら引き込むと良い。足を器用さに自信があり、下からの三角絞めや腕十字、デラヒーバガード系の技が得意な人向き。

引き込み編 1章 引き込みの方法

相手の立技が強いときの引き込み ― ハーフガードに引き込む

🛈 技のポイント ▶▶▶ ハーフガードでは「蛇拳の構え」で脇と首をすくわれないように

1 相手が右手足を前に出している場合、右手で片襟を取りやすい。

2 相手が前に出している右足に対し、自分の右足をからめていく。

3 この位置でこの組手のままでは相手に左脇と首をすくわれてしまう。

4 素早く両手を放し、蛇拳のような腕の形を作る。身体は丸めて小さく。
（思い切って右手を放す！）

5 右脇を締め右手甲は額近く、左脇は開き指先を相手の右脇に向ける。
（この構えが超重要）

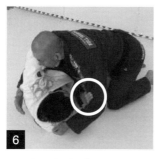
6 この形なら相手が首をすくいにきても右手で止めることができる。

7 左腕も、この形にしていれば相手の右脇を簡単にすくうことができる。

8 写真のように身体の右側面を床につけ、背中は決して床につけない。

9 右足で相手の右足を制していると左足を振り上げられる。

10 左足を振り下ろす反動を使って、相手の右脇をくぐりバックを取る。

✗ NGムーブ ▶▶▶ 右肩を押すのは無駄

左手で相手の右肩を押す人がいるが、あまり相手を止める効果がない上、相手に左脇をすくわれやすい。左手で押すのであれば相手の右こめかみか左肩を押し、右肘を床について右肩を床から上げるような動作が効果的（P98のテクニックに近い動き）。

▶応用テクニック 組み勝っているときは遠い足をからめて潜りなどで返す

1

2

3

相手をコントロールできている場合は、対角の袖と足を制する方がいい。この写真の場合、相手の左腕を制しながら右足をからめにいっているので、相手は首や脇をすくうことができないし、同じ組み手のまま攻め続けていくことができる。

33

僭越ながら大賀からのアドバイス

OGA'S ADVICE

柔術、寝技、初心者の方に多い悩みにお答えします

いつまでたっても得意技ができないのですが……

必要なことはまずやりたい技を決めることです。選ぶ方法は、性格的にやりたいと思った技や身体的に合っていると思える技を選びます。指導者がいたら、その人に選んでもらうのも良いです。そして「俺はこの技を得意技にする！」と決心することがとてもとても大事です。そのためにはある程度の時間も必要ですし労力も必要です。他の技の上達は遅くなるでしょうし、一定の期間をかけても得意技にすることができず他の技をやっておけばよかった、と後悔することになるかもしれません。しかしそのリスクを分かった上で、それでも俺はこの技を得意技にするんだ！という強い決意が大事です。

同時に「いついつまでやっても上達の手ごたえが無ければこの技はとりあえず保留する」ということと「こういうことができたら、とりあえずこの技を得意技にできたと判断する」ということまで初めに決めておくと、集中してその技の習得に励むことができます。

次に、その技の情報を集めます。本やインターネットや練習仲間からです。もっとも効果が高いのは動画です。あとは、動画があればそのまねをし、文字や写真しかなければ動きを想像して動いてみます。このとき大事なのはモデルの全身をまねすることです。慣れていない人は、身体の一部——たとえばスイープであれば相手を跳ね上げている足、絞めであれば相手を絞めている腕——だけに注目して、その部位のみの真似になりがちですが、それでは技はかかりません。技というものは全身を使って決めるものです。お互いに手足は四本、胴体は一つ、頭も一つです。攻める方が手足を二つしか有効に使っていなければ、相手が手足を四つ使って守ると技は決まりません。守る方が全身をフルに使って守ろうとしても決められてしまう形——それが「技」なのです。全身を使っていない動きは、単なる「動作」です。「技」と「動作」はまったく違うものです。そのような目でモデルの動きを見ます。

大賀がよく確認するのは、技をかける側の❶両手両足（手首や足首の先）の位置、❷両肘両膝の位置、❸胴体の丸ま

り、反り、ねじれ、❹頭の位置や顔の向き、❺互いの身体の位置関係——の5点です。この5点を観察して自分の身体のそれぞれのパーツを同じ位置に置けば、モデルと同じ形になるはずです。

「三角形の合同条件」というのをみなさん習ったことがあると思います。2つの三角形のここやあそこが同じであれば2つの三角形は同じといえる、という条件です。それと同じです。例えば上の例であれば、両手両足（手首や足首の先）の位置をモデルと同じにしても、両肘両膝の位置が違っていれば、身体全体の形が必ずしも同じになるとは言えません。肩や股関節の位置が変わるかもしれないからです。両手両足の位置に加えて、両肘両膝の位置も同じにする必要があります。そうすると、自然と両肩両股関節の位置もモデルと同じになるはずです。三角形の合同条件が3つあるのと同じように、「身体全体の形の合同条件」もいくつか考えられます。自分がチェックしやすい項目を作って下さい。例えば、関節部位の位置よりも、関節の角度を確認したほうが分かりやすい場合もあります。

そういう目でモデルの動きを見ると、その技をかけるには関係ない（ように見える）腕や足が、自分の頭では理由が分からない位置に置かれていることを発見することが多くなります。意識しないとそれは見なかったことになります。もしくは、この人は上手いからこんな無駄をやれるのだと思ったりしますが、それは違います。上手いから無駄なことがやれるのではなく、一見無駄に見えるけれども必要なことをやっているからその人の技はかかるのです。

もちろん、モデルと手足や胴体の長さや太さがあまりにも異なる場合や、関節の柔らかさが大きく違う場合には形をまねることはできません。違う形で極められるようにするか、違う技を選ぶ必要があります。

このように身体の形を同じにできれば7割の技はほとんど同じようにできるようになります。残り3割については、形に表れない身体の内にかかっている力のかけ方や方向が違っているのです。これについてはまたの機会に書きます。

▶引き込み編
THE SCHOOL OF NEWAZA

2章

手ぶらガード

相手が上で自分が下、双方とも相手のどこもつかんでいない状態——これを"手ぶらガード"と呼ぶ。
本来、下の選手は一刻も早く相手の手や足をつかんで自分の形を作っていかなければならないが、
ここでは、あえてこの体勢でのさまざまなディフェンス法を学び、この状況での対応力を高める。
手ぶらガードでの対応力が高くなることによって、下で戦う実戦での際に強くなり、
下としての全体的な対応力を上げることになる。

引き込み編
2章　手ぶらガード

手ぶらガードとは

このガードができれば下になっても怖くない

寝技の攻防で、上下がお互いにどこもつかんでいない状態になることがある。本書では、この状態のガードポジションを「手ぶら」ガードと呼ぶ。

相手が自由に動ける一方、下の選手は一見非常に無防備で不利に見える。しかし適切な対処法を知っていれば、ここから得意なガードの体勢に変化することができるし、手ぶらで相手の攻撃を防ぐことに馴れていけば、下になってもあせらずにいられるようになるというメリットもある。

実戦でずっと取り続けていると危険なポジションなので、相手をつかむことができたらすぐに自分の得意なガードの体勢を作ることが必要だ。

基本姿勢

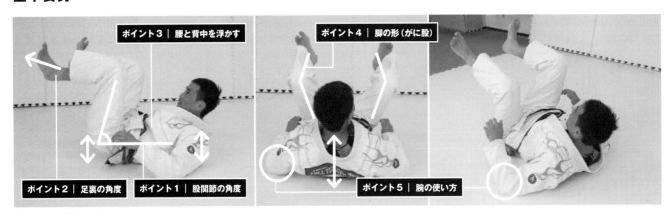

相手が離れた距離から攻める機会を伺っているときは、両足を相手に向けて写真のような体勢をとる。意識的に爪先や腰をリズミカルに動かし、身体が硬くならないように注意。自分が相手をつかんでいないということは、相手も自由だが自分も自由ということ。自由に身体を動かせるという利点を最大限使うよう心がける。

✕ NGムーブ ▶▶▶ 股関節を伸ばさないことと両手で相手を押さないこと

後で何度も出てくるが、むやみに股関節の角度を90度より大きくしたり、両手で相手を押しにいかないこと。

引き込み編
2章 手ぶらガード

手ぶらガード 手ぶらガードのポイント1

技のポイント ▶▶▶ 股関節の角度は90度以内に

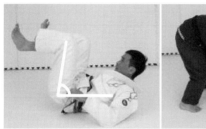

NGムーブ ▶▶▶ 股関節を90度以上にしないこと

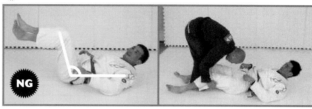

股関節の角度（自分の胴体と自分の太腿の角度）が常に90度より小さくなるようにする。90度より小さくしておくと、相手が足をどかそうとしてきたときに膝を肩に近づけて防ぐことができる。

股関節の角度が90度より大きくなると、裾をつかんで足を伸ばされやすい。相手はこちらの腹に膝や肩を乗せることが容易になるし、それを足で防ぐことはとても難しくなる。

ニーオンザベリー・肩乗せ・クロスニーを防ぐことができる

相手がいきなりニーオンザベリーを仕掛けてきたとき、右膝を右肩に近づけることで、腹に膝を乗せられることを防ぐことができる。

NGムーブ ▶▶▶ 反応が遅れると

膝を肩に近づける動作が遅れてしまうと、相手の膝が腹に乗ってしまいパスガードされてしまう。

相手が足をどかして左肩を腹に乗せようとしてきたときも、同様に右膝を右肩に近づけることで、腹に肩を乗せられることを防ぐことができる。

相手がクロスニーパスを仕掛けてきたときも、膝を肩に近づけることで膝が床に押し付けられることを防ぐことができる。

「パスガードとは何か」と言えば、「下の選手の腹の上に上の選手の膝や肩が乗ること」である。ということは、両膝を両肩の近くに引き寄せて常に太腿で腹を守っていればパスガードされないということになる。実際には、相手が攻めてきたときだけでも腹を守ることができれば十分有効なはず。それができるかどうかは柔軟性や腹筋（正確には腸腰筋）の力が大きく影響する。足が利くようになりたければ、日頃から意識して身体に覚えさせていくことが必要だ。自分は向いていないと思う人は無理をせず、P55のような前傾のシッティングガードに変化しよう。

引き込み編
2章 手ぶらガード

手ぶらガード — 手ぶらガードのポイント2

技のポイント ▶▶▶ 尻と背中を浮かせる

NGムーブ ▶▶▶ 丸まっていると反応が遅くなる

両肘で床を押して背中を浮かし、同時に尻も浮かせる。帯の部分が床についている感じ。身体を動かす必要があるときは肘で床を押して対応する。

床についた肘で身体を反らす力も加える。この内にこもった力がタメになって、相手が攻めてきたときに素早く反応することができる。

個人差があるかもしれないが、単純に身体を丸めているだけだと、みぞおちの裏あたりが床に接している状態になり、相手の攻めに素早く反応できない。

技のポイント ▶▶▶ パスを防ぐときは両手を揃えず、片方は肘で床を押さえる

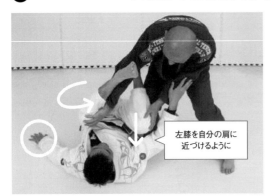

左膝を自分の肩に近づけるように

相手が足をさばいてパスしてきた場合は、相手が来る方と反対側の床を肘や腕全体で押して身体全体が相手側を向くようにする。相手から遠い方の足は自由に動けるようにさせておくこと。

相手が右に来たら左腕で、相手が左に来たら右腕で、反射的に床を押す回路を体内に作っておくとガードが楽になる。

知らなかった人はだまされたと思ってやってみてほしい。その効果にびっくりするかも。

NGムーブ ▶▶▶ 両手を揃えて相手を押すとパスガードされやすい

両手を相手に向けてはいけない。こうすると両手が両足の間に入ることになる。

両手を相手の方に向けてはいけないということには2つの理由がある。

1つ目は、外側から足を回そうとするときに自分の左腕が邪魔になってしまうということ。

2つ目は、腕で床を押さないと身体全体が相手の反対側に倒されてしまうのを止められない。まったく足を回せない状態になってしまう。

引き込み編
2章 手ぶらガード

手ぶらガード 手ぶらガードのポイント3

❗ 技のポイント ▶▶▶ 足裏は相手の腹に向ける

足首をしっかり曲げて足裏が相手の腹部に向かうようにする。足を上や下にどかされづらいポジションに位置させること。

❌ NGムーブ ▶▶▶ 足をたたまれてはいけない

足首が伸びて足裏が床を向いていると、足をたたまれて制されてしまう。

❌ NGムーブ ▶▶▶ 足をかつがれてはいけない

足裏が天井を向いていると踵を押されてそのままかつぎパスガードで攻められやすい。

❗ 技のポイント ▶▶▶ 膝と膝の間は広く、踵と踵は近く

膝と膝の間隔は広く、踵と踵の間隔は狭くする。膝と膝の間隔が狭いと足を左右に倒されやすいし、踵と踵の間隔が広いと足の間から攻められやすい。

❌ NGムーブ1 ▶▶▶ 膝と膝を近づけると横に潰される

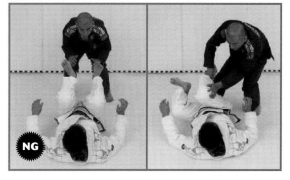

膝と膝の間隔が狭いと足を左右に倒されやすい。ただし、上級者でP50のような動きができるのであれば、膝を床につけられづらいことと危なくなったら起きやすいという利点もあって、むしろ守りやすくなる。

❌ NGムーブ2 ▶▶▶ 踵と踵を遠ざけるとクロスニーパスをされやすい

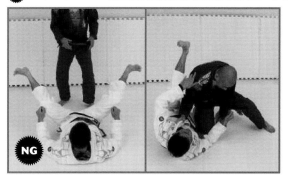

両足の間からクロスニーパスなどを受けやすい。ただし、足を大きく開くことができる柔軟性の高い人にとっては、いわゆるインバーティドガードに移行することでパスガードに対応することができる。股関節が柔らかくて足が広く開く人には向いている。

引き込み編
2章 手ぶらガード

手ぶらガード ― # 前後運動への対応

❗ 技のポイント ▶▶▶ 「足を当てるエリア」があることを知る

1 足を当てるエリア

相手が近づいてきてもむやみに足を伸ばさないこと。股関節が90度より大きくなってはいけない。

2

足裏を腰に当てても股関節が90度以下になる距離まで近づいたら、足裏を当てて相手を止める。

3

相手がそれ以上近づこうとしたら、腰を浮かすことで相手の身体に体重をかけて相手の前進を止める。

4

相手との距離ができて股関節が90度より大きくなりそうになったら、足を引きつけて基本姿勢に戻る。

❌ NGムーブ1 ▶▶▶ 遠すぎる相手に足を当てない

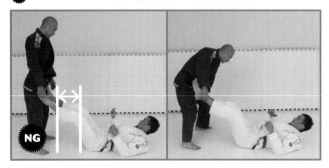

離れた相手に足を当てようすると股関節が伸びてしまいパスガードされやすくなる。自分にとっての「足を当てるエリア」を把握しておくことが大事。

❌ NGムーブ2 ▶▶▶ 足の力で蹴らないこと

上の写真3のとき、足の力で相手を蹴って遠ざけようとすると、相手が腰をひねるなどしてかわしてくると、股関節が伸びてしまいパスガードされやすい。

❌ NGムーブ3 ▶▶▶ 距離をつぶされてはいけない

上の写真3の方法で止めても、まだ相手が近づいてくることがある。

そのままだと身体を丸められて攻めこまれてしまう。

❗ 技のポイント ▶▶▶ 足がとれたらデラヒーバなどに

相手の足が手が届く範囲に近づいたら、足をとってデラヒーバガードなどへ変化する。

引き込み編
2章 手ぶらガード

手ぶらガード 円運動への対応

❗技のポイント ▶▶▶ 相手が回っていく方向の腰に足を当てる

1 相手が向かって右側に回ってきたら、右足を相手の左腰に当てる。

2 肘を浮かし身体を丸めていると、身体が自然と相手について回っていく。

3 相手が移動する方向を変えたら、反対側の足を当てる。

4 この対応の際は股関節が90度を少し超えてもかまわない。

5 身体をお椀のように丸くする

相手に足を当てて回してもらうときは、P36の「基本姿勢」のように背中を伸ばしてはいけない。身体を丸めてみぞおちの真裏が床に接しているようなイメージ。

❌NGムーブ ▶▶▶ 軸が2つあるコマは回らない

床に背中と尻が両方ともついているということは、軸が2つあるコマと同じ状態でスムーズに回転することができない。また、股関節を固めておくことも大切だ。どうしてもこの感覚が分からない人は、桜庭和志の「炎のコマ」を練習パートナーにやってもらうと分かるかもしれない。

▶応用テクニック 相手が遠巻きに回ってきたら

1 相手が「足を当てるエリア」より遠くを回ってきたら、足は相手に当てない。

2 相手が右側に回ってきたら、両肘と左足裏を使って自分の身体を回転させ足を相手に向ける。

3 相手が右側に回ってきたら、右足を斜め上に向けて相手の攻撃に備えておくことをおすすめする。

▶バリエーション 右足の使い方

右足を床につけていると相手が素早く近づいてきたときに防ぎづらい。ただし、右足を使わなかったせいで対応が遅れて回りこまれてしまうようでは本末転倒。この2点に注意して右足は使うようにしてほしい。

引き込み編
2章 手ぶらガード

手ぶらガード — # 裾をつかまれたときの対応 1

▶ パターン1　しっかりと握られていない場合

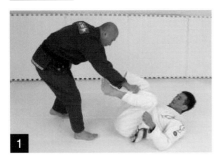

1 相手がズボンを取ってきたら素早くその袖を取り、膝をさらに自分の肩の方に引き寄せる。

2 自分の手の届く範囲に自分の足が入っていれば、必ず相手の袖口を取ることができる。

3 相手がズボンを握りこむ前にタメを作った股関節を伸ばすことで、相手の手を切ることができる。

▶ パターン2　しっかりと握られてしまった場合

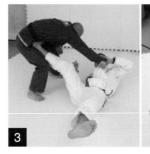

1 足を蹴りだしても簡単に切れないとき、つかまれたのが片足だけならまだ切る方法がある。

2 左右それぞれの手で相手の両袖を制し、右足で相手の腰を蹴って反時計方向に回転する。（横に旋回してから切る）

3 相手は腰が引けていることと右脇が開いていることで右手の握力が弱くなってしまう。切るときは、左脇を開け、左肩の近くに相手の右手を引きつけてから左足を伸ばすといい。これによって相手の右手にかかる力を最大にさせることができる。

✗ NGムーブ1 ▶▶▶ 身体の角度を変えないと切る力を最大にできない

身体の向きを変えず左脇を閉めたまま左足を伸ばそうとしても、相手の右手にかかる力はさほど大きくはならない。いくら力を入れてもなかなか切ることができないし、そうしている内に相手にパスされてしまう。

✗ NGムーブ2 ▶▶▶ 指の間に道衣は危ない！

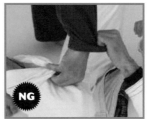

相手の指と指の間に道衣が引っかかっているときにつかみを切ろうとすると、相手が指を怪我しやすい。つかむ側も指の間に道衣が入らないように注意すること。また切る側もむやみに全力で切らないように注意する。

❗ 技のポイント ▶▶▶ 手が届くエリアに足をおく

膝を肩に近づけておけばズボンの裾は自分の手の届く範囲にあるはずなので、相手が足を取りにきたらその手を取り返すことができる。股関節を90度以内にしておくことにはこういうメリットがあることを覚えておこう。また、じっとしていると相手はズボンをつかみやすくなるので、常に小刻みに足腰を動かしているといい。

手ぶらガード — 裾をつかまれたときの対応2

▶パターン3　両足をしっかり握られてしまった場合

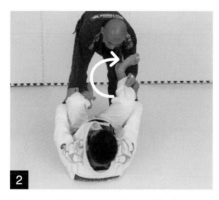

1 両裾をつかまれてしまったら、膝を肩に引き寄せて相手の両袖を取る。

2 足を回して前腕にかける。膝を肩に引き寄せると尻が浮き足を回しやすい。

3 両足とも相手の前腕にかける。内側からでも外側からでもいいが、両足とも内側がベスト。

4 この体勢で足を重くすると相手はこれ以上攻められなくなる。詳しくはP94を参照。

❌ NGムーブ ▶▶▶ 足を床方向に落とされてはいけない

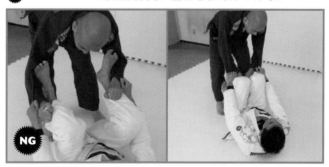

爪先が天井を、踵が床を向いていると、簡単に足を床方向に落とされてしまう。爪先や踵が左右方向を向くようにして相手の腕に引っ掛けると落とされづらい。

▶パターン4　相手が脇を締めている場合

1 相手が脇を締めていると内側から足を回せないので対応が変わる。

2 両腕で床を押して腰を浮かし、外側から足を回して相手の前腕に当てる。

3 ここから足を伸ばす。相手はズボンを握っている限り近づけない。

4 相手は仕方なく握りを外して攻めてくるので、急いで膝を引き付けてガードに戻す。

引き込み編
2章　手ぶらガード

手ぶらガード 足をどかしながらの円運動への対応1

❗ 技のポイント ▶▶▶ 膝を押さえながら足を大きく回す

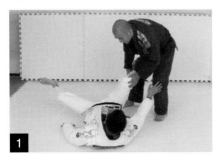

1 相手が右足をどかしながら右に回り込んできたら、右手を相手の左膝に向けて左腕で床を押す。

2 右足はすでにどかされて使えないので左足で防ぐ。左膝が床をこするくらい低く大きく回す。

3 左膝を肩の近くまでもってきたら、左の膝から先を回すようにして左足裏を相手の左肩に当てる。

4 身体全体を伸ばすと相手を遠ざけることができる。左足が相手を押し、右肩が床を押すことになる。

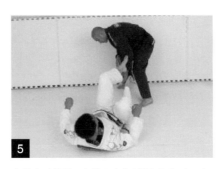

5 左足裏が相手の身体の中心を捕らえていないと、足裏がすべってうまく相手を遠ざけられない。

❗ 技のポイント ▶▶▶ 身体全体を伸ばすのがコツ

（身体を一直線にする / 身体をふわっと浮かせるように）

上の写真3〜5の過程については、単純に身体全体を伸ばしながら真上を向くようにすればいい。左足裏と床についている右肩の2点の距離が最大に（写真中参照）なるように意識して身体を強く伸ばし相手を遠ざける。肩を蹴っている限り相手は怪我をしないので大丈夫。

❌ NGムーブ1 ▶▶▶
足を直線的に動かすと潰されやすい

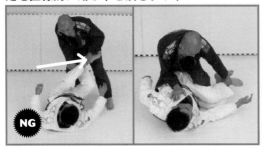

左足を直線的に動かすと相手につかまれてどかされやすい。相手が防ぎづらい角度から入れる。

❌ NGムーブ2 ▶▶▶
両手で相手を止めてはいけない

両手とも相手に向けてしまうと腕が邪魔になって左足を回しづらい。左を向かされてしまうことも。

引き込み編
2章 手ぶらガード

手ぶらガード ― 足をどかしながらの円運動への対応2

▶応用テクニック1　足ごとつぶされてしまったら袖をつかんで戻す

1 対応が遅れ、なんとか左足は入ったが潰されてしまった場合。

2 とりあえず両手両足で相手の攻めを止める。このとき身体は丸めておく。

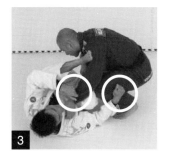
3 相手の袖を取れたら、左足で蹴って間合いを作る。

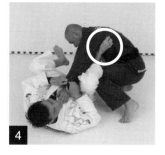
4 間合いができたら、右足で相手の左脇を蹴って完全に動きを止める。

▶応用テクニック2　身体全体を伸ばして体勢を戻す

1 対応が遅れて足を回せず、両手で相手の肩の密着を止めている場合。

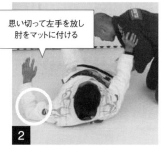
2 右手は肩を押さえたまま、左手を離して身体を開き、肘で床を押す。
（思い切って左手を放し肘をマットに付ける）

3 左足を回す。右肘が伸びていれば必ず足裏は右手甲に当たる。

4 相手を遠ざける。上体は自然に頭が相手から遠ざかる方向に回る。

覚えておきたい 技の豆知識

足を回して足裏を当てる方法

相手の攻めを足で防ぐには、相手に膝を当てる方法と、この頁のように足裏を当てる方法の2つがある。膝を当てる方法は、太腿の長さ以上に相手を遠ざけることが難しいため、近い間合いでの攻防が得意な人向き。一方、足裏を当てる方法は足を伸ばして相手を遠ざけることができるため、相手と距離を取りたいという人に向いている。足裏を当てるガードでのありがちなミスとして、早く足を入れようと焦るあまり相手に膝を近づけてしまい、足裏が相手の肩に当てられないということがある。下の写真のように、初めは相手に少し背中を向け、膝を相手から遠ざけてすねを回し、相手に足裏を当てるようにするといい。

引き込み編

2章 手ぶらガード

手ぶらガード ─ 頭まで回り込まれたときの対応1

⚠ 技のポイント ▶▶▶ 「相手に足を向けるか頭を向けるか」は近いほうを選択する

1. 相手が足をさばいて素早く回りこんでくると、普通は左足を回して相手を止めようと考える。

2. しかし頭のほうにまで回り込まれてしまったら、作戦を切り替えて頭を向けて防いだほうが早い。

3. 右手を相手の右足の外側からかけ、両手足を大きく回して身体全体を旋回させる。

4. 完全に回り込んで左手で相手の左足を取れたら、腰を浮かして足を相手の足にからめにいく。

5. 足が相手の足にからんで相手の動きを止められたら、両腕の位置を変えにいく。

6. 両前腕を相手の両膝の内側に入れ、肘を外側に張るようにすると、相手は腰を下ろせなくなる。

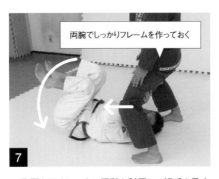

7. 一旦腰を下ろし、その反動を利用して相手を足方向に押し下げていく。（両腕でしっかりフレームを作っておく）

8. 相手が移動したら両膝を相手の足の内側に入れて、こんどは両足でフレームを作り、腕を放す。

9. 両手で相手の帯を、帯がなければ道衣を取る。

10. 両手足で相手を後方に回転させる。相手の尻を、自分の両足の間の床につけさせるように。

11. 相手の襟を取って絞めにいく。絞めを防がれたら足を入れて相手を制する。

引き込み編
2章 手ぶらガード

手ぶらガード　頭まで回り込まれたときの対応2

▶応用テクニック　相手が腰を引いて防いできた場合

1
前頁写真5で、相手が足腰を引いてきて相手の足を制せれなかった場合。

2
相手の足が遠ざかっているときは、たいてい相手の手が近くにあるのでまずは相手の袖を取る。

3
相手の袖を引いて足裏を脇下に当てれば、逆向きのスパイダーガードになって相手は攻められない。

4
肩で逆立ちするようにして相手を遠ざける。相手を浮かせ、このあと回転するためのスペースを作る。

5
足と肩を軸に回転して頭を遠ざけ通常のポジションに戻す。距離を作っていないと潰される。

6
右足を左脇に入れて戻ると足がねじれない
逆さまのポジションが好きなら無理に戻る必要はない。

覚えておきたい技の豆知識

一人打ちこみ　両手両足でバンザイする

初めは"気をつけ"の姿勢から、両手足をできるだけ床に近づけたまま大きく回し、頭の上でクロスさせる。一人でやると一見意味が分からないが、相手がいた上で行なうとP46のように自動的に身体が動いてガードがかかるようになる。

❌ NGムーブ▶▶▶
両手両足は床に近づけて回す

NG
両足が床から遠い。両足をなるべく床に近づけたまま動かすことで身体が丸くなり、相手の位置に応じて身体が回転することを理解する。

引き込み編

2章 手ぶらガード

手ぶらガード ─ いきなり膝を腹に乗せてきたときの対応

● 技のポイント ▶▶▶ 膝・肩・耳を近づけて相手の膝が入るスペースをなくす

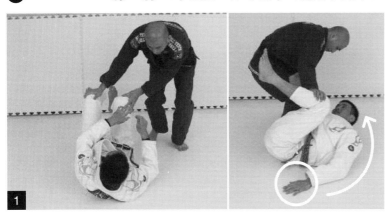

1 このパスガードを防ぐにはスピードが必要。相手が来ると判断した瞬間に全力で右膝・右肩・右耳を近づける。両足の動きの反動や左手で床を押す力を使って、相手に頭が近づくように身体全体を動かす。

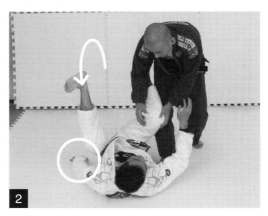

2 このパスに対しては左足を直線的に入れていい。写真1左のように相手の右手が邪魔であれば、P61の要領でつかみを切ってから回す。つかみが切れないときはP82の方法で。

3 左足を相手の胸に当て、蹴りだして距離をとる。右膝と右肩を近づけていればパスはされないので、相手の右腕の内か外に左足が入る隙を見つけて入れることが大事。

▶ 基本ムーブ

右膝・右肩・右耳を近づける。右手は相手の右膝を止めることに使ったり、自分の右膝を引き付けることに使う。相手の右膝を止めた後は、相手の右ズボンを取ると相手はパスの変化をしづらくなる。

首をかしげる

❌ NGムーブ ▶▶▶ 両手で相手を止めようとしない

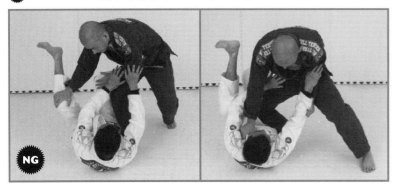

繰り返しになるが、両手で相手を止めると左足を回しづらくなる。また、右耳を右膝と右肩に近づけず頭を相手から遠ざけてしまうと、相手は右膝を腹に乗せやすくなるということを覚えておこう。

左腕で床を押さないと反対側を向かされてバックをとられてしまう。

引き込み編
2章 手ぶらガード

手ぶらガード — 相手が足を伸ばしてきたときの対応

▶パターン1　まっすぐ床方向に伸ばされた場合

1 膝を握られたが切ることができなかった、もしくはつかむ暇がなかった。

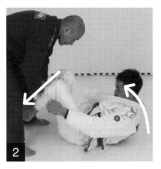

2 足を床方向に押してきたら、その力を利用して自分も起き上がる。膝を肩に近づける力をかけ続ける。

3 起き上がれば股関節の角度を90度以下に保てるので相手は攻めづらい。

4 腰を引き、相手の手を切るなり、つかまれたままスイープする。膝を床につけられたらP88へ。

▶パターン2　横や天井方向に伸ばされた場合

1 相手が足を左右方向や天井方向に引いてきた場合は、そこから起きあがるのが難しいし、足を相手に向けて防ぐことができない。

2 P46と同じく足が使えない状況なので、足を相手に向けるのではなく、頭を相手に向けて防ぐ方法を選択する。まずは右手を相手の左足にかける。

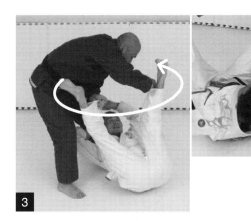

3 P46と同じように右手を軸に身体を回していく。相手が足を握っていたら、足を大きく回せば回すほど相手の体勢が崩れるので恐がらず、相手から足を遠ざけてから大きく回す。

4 逆さまになるまで回ったら、こんどは左手を相手の左足にかけ、右手は相手の右足に取り直す。その後、両足裏を相手の両脇裏に当てて距離をとり、ガードに戻す。

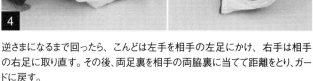

引き込み編
2章　手ぶらガード

手ぶらガード — # 相手がバックを狙ってきたときの対応

❗ **技のポイント** ▶▶▶ 頭の方向を90度変え、つまさきで床を蹴り腰を上げる

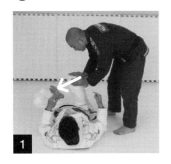

1. 相手が横から膝を押して転がそうとしてきた場合。
2. 左肘で床を押して左肩を床から浮かす。頭は自然と相手から遠ざかる。
3. 左踵を尻に近づけ爪先を相手に向けると身体の方向が90度変わる。
4. 再び左肩を床につけ、左肩と左爪先で身体を支えて腰を浮かす。

❌ **NGムーブ** ▶▶▶ 三つの回転を忘れずに

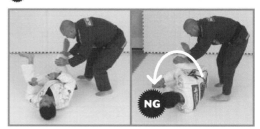

5. 左足を相手の右足に当て、両足の間に相手の身体が入るように足を大きく回す。
6. 右足が相手の身体の左側に出れば、ガードに戻すことができる。
7. このままだとかつぎパスをされやすいので次頁の防御に移る。

第一回転をせずに第二回転をしようとすると、相手の圧力が強くて回転できない。

覚えておきたい 技の豆知識　　**一人打ちこみ** — ## 同側のエビをマスターする

P82でも紹介する寝技特有の動き。これができるようになると大きな自信になる。練習仲間と二人一組で練習してみよう。
はじめは、相手に遠いところからゆっくり横に押してもらう。左肘を自分から遠いところについて起きると相手との距離ができて第二回転がやりやすい。相手が離れ過ぎていると第三回転ができないので注意。一人打ちこみだと第三回転は難しいが、第一回転、第二回転はできるので、何度もやってコツをつかんで欲しい。

引き込み編
2章 手ぶらガード

手ぶらガード　かつぎパスガードへの対応1

❌ NGムーブ ▶▶▶ 足をすくわれて肩でかつがれるとパスガードされてしまう

相手が右腕で左足をすくってきた場合、相手の肩に足を当てられると、足の動きを殺されてしまいパスガードをされやすい（一般に「かつぎパスガード」と呼ばれる）。

▶ パターン1　相手の手が腿より手前に来ないように防ぐ

ここに手を置いておくと自然に相手の手が当たる

1 相手が手を床に近づけたらほとんどの場合かつぎパスが来る。すぐに手首を左腿の骨に密着させる。

2 手をこの場所に置いておけば、たいてい相手の手に当たるので、手の平で包み込むように止める。

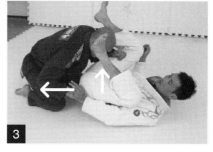

3 相手の手を押し返す力を使って腰を床から浮かす。腰を浮かすと足が回りやすくなる。

4 左足裏を相手の右肩に当て、相手を蹴って遠ざけて五分五分の体勢に戻す。爪先を相手の右脇下に入れても良いが、アキレス腱固めなどのカウンターを受けやすいので注意する。

▶ パターン2　膝近くをすくわれたら肘を押して膝を抜く

1 相手が左足付け根でなく膝付近をすくってくることがあるが、慌てる必要はない。

2 相手がある程度足をすくって、脇が開いたタイミングで相手の肘を押し上げる。

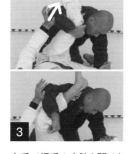

3 左手で相手の右脇を開けさせ、足をがに股にしながら膝を抜く。

4 肘を押さえたまま完全に左足を抜いてガードの体勢に戻す。

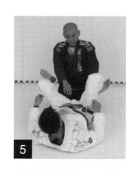

5 相手と距離を取って左足を戻す。これで五分五分の体勢に。

引き込み編
2章　手ぶらガード

[手ぶらガード] かつぎパスガードへの対応 2

▶パターン3　相手の力が強い場合は反対の足で床を蹴る

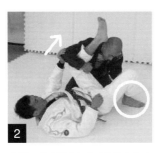

1 相手がかつぎながら、自分を右方向に転がす力も強くかけてきたとき。

2 右足で床を踏みしめて身体を左方向に戻す。

3 前頁の要領で左足を抜く。右足で床を押す力も使うと抜きやすい。

4 相手の右腕を引き付けて三角絞めで攻めることもできる。

▶パターン4　両足首を持たれてしまったら両足を前後に開く

片脚は前に
もう片脚は後ろに蹴る

1 足首や踵を相手がつかんで押してきた場合。このままだと丸められて足をどかされてしまう

2 両足を前後に開く力をかけると片足が自由になる。両足を同じ方向に動かさないように気を付ける。

▶パターン5　かつがれきってしまった場合

1 パターン4で対応が遅れて完全に丸められてしまった場合。

2 両足を大きく広げて尻と足で大きな三角形を作るとバランスが取れる。足が狭いと倒されてパスされる

3 バランスを取って守りつつ、相手がどちらかに体重をかけてきたらその方向に首抜き後転を始める。

4 写真2の体勢がつらい人は、丸められそうになったらすぐどちらかの肩に体重をかけてこの体勢に。

5 相手に向き直ったらタックルなどで攻める（パスをぎりぎりで防ぐと倒しても2点が入らない場合も）。

❌ NGムーブ ▶▶▶
膝を曲げると首に負担がかかる

膝を曲げないこと。首だけに負担がかかり大けがをする恐れがある。仕掛ける方も気をつけるように。

引き込み編
2章 手ぶらガード

手ぶらガード ― クロスニーパスガードへの対応 1

❗ 技のポイント ▶▶▶ 手で膝を止めるか、膝を抱える

1 相手がクロスニーパスに来ると判断したら大急ぎで防御に変化する。

2 身体を右に丸め、右の手の平を右膝に当てて膝が床につけさせられることを防ぐ。

右肘を床につく

3 もしくは、右手首を膝に引っ掛け、右膝を右頬に引き寄せることでもパスガードを防ぐことができる。

4 右手で相手の右足首を取り、右足を相手の右足にからめるとスパイラルガードになる。

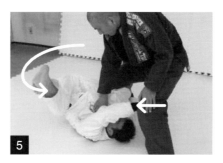

5 左手で相手の左膝裏や左袖を取り、左足を大きく回しながら左手で相手を手前に引き寄せる。

6 左手で相手を引き寄せながら、左足を回してもぐっていくと、相手の足の間に入ることができる。

❗ 技のポイント ▶▶▶ 膝の下に腕や肩を入れて相手の膝を入れさせない

右膝を床につけられることを足の力だけで防ぐのは難しい。腕や肩を右膝と床の間に差し込むことで、物理的に右膝が床につかないようにする。上の写真のようにもぐれない場合は、この形で防ぐと左足裏が相手の右腰に当たるので、そこを蹴って相手を遠ざける。

❌ NGムーブ1 ▶▶▶ 膝をマットにつけさせられてはいけない

パスガードをされたくなかったら膝（言い換えると腿）を床につけさせられてはいけない。左写真では相手の右膝で、中写真では左膝で、右写真では腕を使って膝を床につけさせられている。

53

> 引き込み編
> 2章　手ぶらガード

手ぶらガード クロスニーパスガードへの対応2

▶パターン1　膝を潰されてしまったら"手を振って起きる"動きを使う

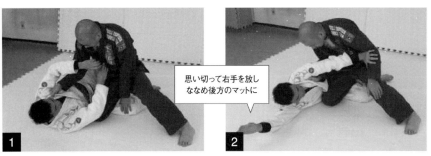

思い切って右手を放しななめ後方のマットに

1　対応が間にあわず右膝を床につけられてしまった場合、大急ぎでパターン1を実行する。

2　右腕をとられるとさらに防ぎづらくなるので、右腕を万歳して遠ざけ、左手で相手の左腕を止める。

3　P88の動きで右腕を使って身体を起こす。左腕はしっかり伸ばして相手の左腕を止め続ける。

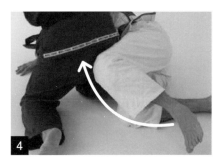

3'　角度を変えた写真。右足は制されているが、左足は自由なのでそれを使う。

4　左膝で相手の尻を小突く。膝を床すれすれに回し、最後に相手の尻を頭方向に押すようにする。

5　相手がバランスを崩したら、押さえつけられていた左足が自由になり、脱出することができる。

▶パターン2　袖をもたれてしまったら帯を取って送り出す

右腕が伸びるともう防げなくなる

1　パターン1の防御が遅れ、右腕をとられてしまったら、とにかく相手の右足を絡んでパスを防ぐ。

2　右脇を締め、右肘を右腰に近づける。また、右手は相手の左袖をとる。

3　左手で相手の後帯、帯がなかったらズボンをとる。ここまで両足で相手の右足を絡み続ける。

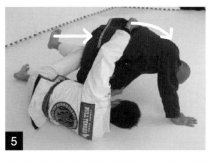

4　両足の絡みを外し、パターン1と同じく左膝で相手の尻を小突いて前方に押しだす。

5　左腕で相手を前に送り出す力もしっかり使いながら、右腕は相手の左腕を引き続ける。

6　うまくいけば相手は転がってスイープ成功となる。何気柔術の畑足穂さんに教えていただいた技。

引き込み編
2章 手ぶらガード

手ぶらシッティングガード

基本姿勢

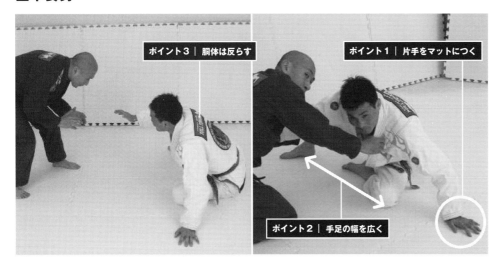

相手との距離があるときは、必ずしも背中を床につけて足を相手に向ける必要はない。足を床につき、背中を前傾させたシッティングガードを取ってもいい。特に、身体が固い人やお腹や足が太い人、足を動かすのが苦手な人、初心者や下になりたくない人にはこのガードがおすすめ。ここでは簡単に基本姿勢を説明するにとどめる。

ポイント3｜胴体は反らす
ポイント1｜片手をマットにつく
ポイント2｜手足の幅を広く

▶応用テクニック　マットについている手と伸ばしている足で腰を浮かせる

1. ガードが不得意な人がもし下になってしまったらすぐ立った方がいい。
2. 床についた左手と右足で身体を支え、お尻を床から浮かす。
3. 右手で相手を押さえたまま、左足裏を後方の床について立ち上がる。
4. 立技の攻防に持ち込むか、相手が引き込んでくるのを待つ。

❌ NGムーブ1 ▶▶▶ 無理に両手でつかみにいかない

両手で相手をつかんでいると押されたときのつっかえ棒がなくなる。ただし、相手が接近してきて両手を使う必要があるときや、そこから攻める自信があるときは両手を使ってもかまわない。

❌ NGムーブ2 ▶▶▶ 両足裏を床につけない

両足裏を床につくと必要なときに素早く立つことができない。もぐるときなど、両足を使う必要があるときはかまわない。

❌ NGムーブ3 ▶▶▶ 手足の幅がせまいとパスされやすい

左手と右足を左右に大きく広げていないと、横に回りこまれる危険性がある。相手が押してきたら、左手を身体を支えられる位置に変えること。

❌ NGムーブ4 ▶▶▶ 身体がねじれると駄目

左手を床についているときに右すねを床についていると、身体がねじれて動きづらい。手足を左右に大きく広げることもできない。また、胴体が丸まっていると動きづらくなるので体を反らすこと。

55

僭越ながら大賀からのアドバイス

OGA'S ADVICE

柔術、寝技、初心者の方に多い悩みにお答えします

力を抜けとか難しいことをいわれるけどできません……

柔術では「力を抜け」とよく言われます。これは正確に言うと「不必要な力を抜いて、必要なところだけに最低限の力をいれなさい」ということです。

また、不必要な力は2種類あります。❶その力をかけていることで逆に技がかからなくなっている場合と、❷技はかかっているが力が必要以上の場合——です。

❶は、力の方向を変えればすみます。不必要な方向へかけている力を抜いて、必要な方向への力をいれます。❷は「技がかかっているからいいじゃないか」と思うかもしれませんが、不必要な力を抜くことで、❹疲れない、❺スピードが上がる、❻技の変化がしやすい、❼精神的に落ち着く（正確には、落ち着くことで力が抜ける）からその状況を観察することができる——などのメリットがあるので、できるだけ最小の力で技がかかるように工夫することをお勧めします。

やり方としては、相手をコントロールした後、徐々に力を抜いて「ここは力を抜いても相手は逃げられない」「ここは力を抜いたら相手が逃げてしまう」というノウハウを一つ一つ身につけていくことです。慣れたら力を抜くタイミングを徐々に早めていきます。「この段階でこの力は必要だと今まで思い込んでいたけど、この力は技がかかることとは関係ないんだ」という気づきは、実力をレベルアップさせる大きな要因になります。

かけている力が足りず技がかからない人は力を抜いてはいけません。これは必ずしもトレーニングで筋肉をつける必要があるとは限りません。自分と同じ体重と技術レベルの人が相手であれば、ヨガやピラティスのように自分の体重をコントロールできる力があればとりあえず間に合います。体勢を整えて自分の力を十分に出し、自分の体重をうまく使えれば、同じ体重の相手を制することは理論上可能です。そういう視点で自分の体勢や動きを再確認してみて下さい。もちろん、自分の体重をコントロールできないという人は、そういうトレーニングをする必要があります。

念のため書いておきますが、試合で勝ち続けたい人は持久力なども必要になるので、さらに違ったトレーニングが必要になります。ここで書いていることは「技の上達が目的」だということをご理解ください。

本書では、かなり理屈を書いています。技をかけるときの身体の形や力のかけ方には、すべてそうするべき理由があると同時に、他の事をやってはいけない理由（防がれたり反撃される）があります。本を書く前は、大賀は自分が把握しているすべてを発表しようと思ったのですが、実際は本には文字数に限りがあり、動画には時間に限りがあって、思ったようには表現できなかったのが残念です（※）。

しかし中には、その理屈をうるさく感じる方も多いでしょう。選手には大きく分けると3つのタイプがあります。❶ひらめきで動ける人。❷豊富な練習で動きを身体で覚えた人。❸理屈があった方が動きが納得できる人——の3つです。

現在の大賀は❸のタイプです。ですから本書を読んで「いちいちこんなこと考えてられるか」と思うのも人によっては自然ですし、「寝技をやるにはこんなに考えなきゃいけないのか」と難しく思ったら、それは誤解です。大賀は理屈が分かると身体が動くから上達しやすいし、考えること自体も楽しいから考えてるだけで、そこにたいした努力はありません。ですから、皆さんご自分のタイプにあった方法で上達を目指すことをお勧めします。それが練習方針としてはもっとも大事なことです。

ただ、3つのタイプは完全に分かれはおらず、人により配分の多い少ないはありますが、どの要素も持ち合わせているので、実際はひらめきも練習量も考えることも必要になります。また、レベルが上がるにつれて、この3要素をバランスを取りながらすべて質量ともに高めていくことは必要だと思われます。それと、同じ人でも年齢とともに少しづつ変わっていきます。遅かれ早かれ身体が動かなくなると頭を使う必要性が大きくなりますので、身体が動くうちは怪我に気をつけて思う存分身体を使い倒すこともお勧めします。

※本書の番外編ＤＶＤを別途発売させていただくことにしました。もっともっと細かいことを知りたい方は大賀までお申込み下さい。

▶引き込み編
THE SCHOOL OF NEWAZA
3章

片袖ガード

スパイダー、デラヒーバ、片袖片襟ガード——下からのガードにはさまざまなものがあるが、どれも習熟に多くの経験が必要で、特に初心者はすべてが中途半端になってしまいがち。ここで紹介する片袖ガードは、相手の片袖を両手でつかむだけのシンプルなもので、とてもマスターしやすい。下が苦手という人は、まずこのガードを身につけてることをおすすめする。シンプルでコツを覚えやすく、なおかつ意外とパスガードされにくい便利なガードだ。

片袖ガードとは

相手の右袖を両手で持ち、左足は腰に右足は肩に当てる

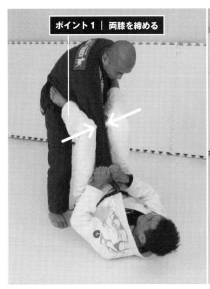

ポイント1｜両膝を締める
ポイント2｜腰を浮かす
ポイント3｜切られづらいところを取る

相手の右袖の向かって右側の部分を取ると、つかんでいる部分に左手を当てて切られやすい（P97参照）。しかし、袖の左側の部分を取るようにすれば、相手は左手を当てにくいため持ち手を切られにくくなる。言い換えれば、相手が左手をぶつけてこようとするのに対し、相手の右腕を盾にして防ぐということ。

ここで紹介するのは、両手で相手の片袖を取り、両足を相手に当てるシンプルなガードである。基本的に人間は誰でも手足が2本ずつであり、その手足を使って相手のどの部分を制するかについてはあらゆる方法がある。攻撃も防御もこれが完璧といえるような形はないので、それぞれのガードの長所短所を知って使いこなすことが大事だ。両肘を床に近づけ、胸を反るようにすると、相手の腕を制す力が強くなる。

✗ NGムーブ1 ▶▶▶ 右足を腰に当ててはいけない

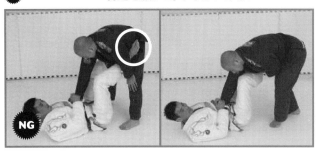

お互い腕は2つなので両手で片腕を制していると相手のもう一方の腕は自由だ。ここで右足を相手の腰に当てていると、左手で簡単に足をどかされてしまう。

✗ NGムーブ2 ▶▶▶ 両膝はしっかり締めること

膝の締めがゆるいと相手の前進を止められないし、右足をつかまれると外されやすい。両膝で相手の右肘をしっかりはさむイメージで両膝を締めること。

✗ NGムーブ3 ▶▶▶ 持つ位置が内側だと切られやすい

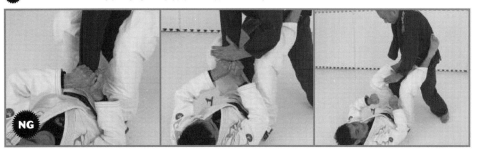

ポイント3にあるとおり、つかんでいるところに相手の左手を当てられると袖を切られやすい。もし切られそうだと思ったら、早めに見切りをつけて自分から手を放すこと。無理にしがみついていると怪我をしてしまう危険性がある。

引き込み編
3章 片袖ガード

片袖ガード ガードへの入り方

▶パターン1 袖をつかんでから腰に足を当ててガードへ

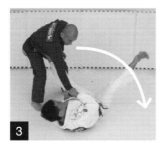

1. お互い立った状態から、両手を使って相手の片袖を制する。
2. 制した袖の方の腰を蹴って引き込む。
3. P25と同じように角度を付けて引き込む。相手の右袖は強く引き付ける。
4. 隙を見て右足を相手の左肩に当てて片袖ガードを作る。

▶パターン2 袖を制してから座ってガードへ

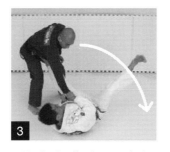

1. 立った状態から相手の片袖を取り、P31のように距離を取って座る。
2. 隙を見て、滑り込みながら左足を相手の右腰に当てにいく。
3. 両足を相手に差し出すのは危険なので、右足は防御に備えておく。
4. 相手の左手でとられないように、右足を相手の左肩に当てる。

▶パターン3 シッティングガードから袖をつかんでガードへ

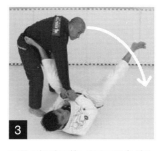

1. 相手との間に距離があるシッティングガードの体勢から。
2. 隙を見て相手の片袖を取り、滑り込みながら左足を当てにいく。
3. 両足を相手に差し出すのは危険なので、右足は防御に備えておく。
4. 相手の左腕が待ち構えている時は、フェイントなどを使い注意をそらす。

▶パターン4 仰向けで裾をつかまれたときに袖をつかんでガードへ

1. 手ぶらガードで相手が膝を取ってきたら、すばやく袖を取り返す。
2. すばやく相手の手を切って、左足を自由にする（P42参照）。
3. 左足を腰に、右足を肩に当てて、片袖ガードの体勢に入る。

引き込み編
▶ 3章　片袖ガード

片袖ガードの防御 ― # 前後左右の運動への対応

▶パターン1　前後の動きには足を使って対応する

1 相手が前進してきても、両膝を締め腰を浮かして止めることができる。

2 相手が後ろに下がってきたら左足を相手の右脇下に移動する。腰に当てたままだと外されてしまう。

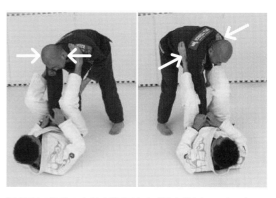

両足裏で相手の身体を強くはさめば足を外されることはない。左足は母指球が相手の背中側に当たるくらいの位置に置く。

▶パターン2　左右の動きには腰を浮かせて対応する

1 背中をボールのように丸めることで、相手の動きに応じてスムーズに回転することができる。

2 頭とへそを近づけることで背中が縦方向に丸くなり、肩と肩を近づけることで横方向にも丸くなる。

✕ NGムーブ ▶▶▶
相手に下られたとき左足の位置がそのままだとパスガードされる

相手が遠ざかっても足を相手の腰に当て続けると、足裏の密着が弱くなりパスガードされる。

❗技のポイント ▶▶▶ パスガードする側は股関節が開いているほうがパスガードしやすい

右手を引いていると足腰を遠ざけられない。股関節の角度が小さいと、相手の足の密着が強い。

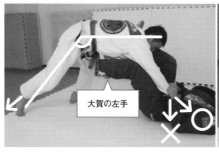

〇印の方向に右手を押すと足腰を相手から遠ざけられる。真下に押してはいけない。足を相手から遠ざけ、股関節の角度が90度より大きくなることで相手の足の密着が弱まり、簡単に足をどかすことができる。

引き込み編
3章 片袖ガード

片袖ガードの防御 — 足首を取られたときの対応

❌ NGムーブ ▶▶▶ 足首をつかまれてパスガードされることがある

相手にズボンの右裾をつかまれたとしても、しっかり両膝を締めてさえいれば簡単に外されないが、足首を直接つかまれてしまうと肩から外されてパスガードされてしまいやすい。

▶パターン1　上からつかんできたときは

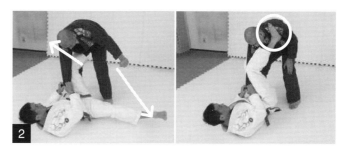

1　上から右足首をつかんで床方向に外してきたら、相手の母指と四指の隙間方向に足を抜く。

2　両足を左右に開く力でつかみを外す。また、上記NGムーブの2つ目の写真のように右足を床に近づけられてしまうと外せなくなるので注意。

▶パターン2　包み込むようにつかまれたら

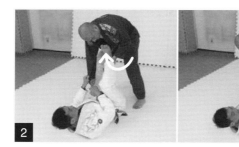

1　パターン1を警戒して、相手が右足を下から包み込むようにつかんできたら。

2　相手の母指と四指の隙間がある矢印の方向に足を回してつかみを外す。相手の顔を蹴らないように注意。相手が近づかないよう左足は相手を止めておく。

▶パターン3　下からつかまれたら

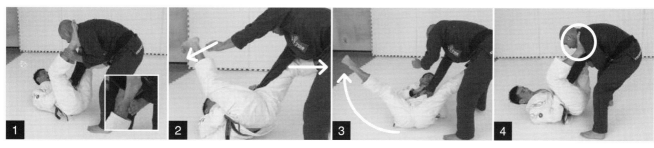

かつぎパスガードのようにアキレス腱側から足首をつかんできたら、両足を前後に開く力でつかみを外す（P52参照）。これも母指と四指の隙間の方向に力をかけていることに注目。NGの3つ目の写真のように押し込まれて身体を丸められてしまうと、足を動かすためがなくなって逃げられないので、早めに対応すること。

61

3章 片袖ガード

片袖ガードの防御 — 腕を引いてきたときの対応

▶パターン1　相手が身体全体を後ろに下げて腕を引いてきた場合

1 相手が遠くなると足の密着が弱くなってパスガードされてしまう。

2 自分から足を外し、相手の引く力を使って素早く起き上がりシッティングガードに変化する。

❌ NGムーブ ▶▶▶ 無理に引き続けないこと

腕の力で無理に引き付けようとしても、相手が後ろに下がって距離ができてしまうとパスガードされやすい。

▶パターン2　膝を当てながら腕を引いてきた場合

1 相手が膝で腿裏を押さえながら腕を引いてくると、このままでは起き上がれない。

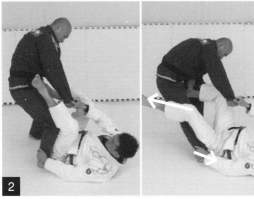

2 相手の足が前に出てきていれば踵を取ることができる。踵を取ったら左腿裏で相手の膝を伸ばしてバランスを崩す。崩れなくても左足を伸ばす力で自分が下がればいい。崩れたらクオーターやデラヒーバガードに変化する。

▶パターン3　相手の引く力がとても強い場合

1 力の強い相手が素早く引き上げてきたら、持っている袖に固執すると不利になる。

2 慌てることなく手を放して手ぶらガードに。身体の自由が利くのでこの方が守りやすい。

3 相手のどこかをつかむことで不利になることがあるということを覚えておこう。

> どこもつかんでいないほうが安全な場面もある

引き込み編
3章 片袖ガード

片袖ガードの防御 — 足をかつがれたときの対応

▶パターン1　相手が座ってかついできたらまず手を止める

1 片袖ガードから、相手が座って腿の下から手を差し、右足をかつごうとしてきた場合。

2 落ち着いて袖を持っている右手を放し、相手の左手を止めることに使う。

3 P51と同じように、右手で相手の左手を押す力で腰を浮かし、相手との間にスペースを作る。

4 スペースができたら、右足を相手の肩に当てる。

5 右足を伸ばして距離を取ると、五分五分の体勢に戻すことができる。

❌ NGムーブ ▶▶▶ 相手の右袖だけに固執しない

パターン2の動きができない人が、相手の右袖を両手で持つことに固執していると、かつぎパスガードをされる。三角絞めのカウンターも、相手が右脇を締めていると難しい。自分がつかんでいることに意味があるかないかをチェックするくせをつけ、意味がないと判断したら躊躇なく放すようにすること。

▶パターン2　襟をつかまれてしまったら反対側に顔をそむける

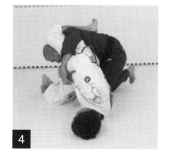

1 パターン1の対応が遅れ、相手に左襟を取られてしまった場合。

2 まず身体を伸ばし丸められないようにする。特に右股関節を伸ばす。（身体を反らせる）

3 左膝を自分の方に近づけてフレームを作る。左腿を床に垂直に立てる。

4 今度は再び身体を丸める。右股関節はまだ伸ばしておく。

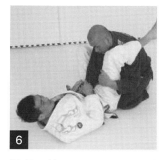

5 左膝と左肩で身体を支え、右足は右側の方に戻していく。

6 相手と正対したら、パターン1の動きで完全にガードに戻す。

❌ NGムーブ ▶▶▶ 真上を向いているとパスされやすい

顔が上を向いていると、身体を伸ばしてもパスガードされやすい。床におでこがつくぐらい横を向く。パターン2はやや上級者向けなので、初心者の人は首を痛めないように十分注意すること。身体を丸めるのがきつい人は、あばらの怪我に注意。

63

引き込み編
3章 片袖ガード

片袖ガードの防御 — # 間合いを変えられたときの対応

▶パターン1　相手が半歩後ろに下ったら背中で歩いて近づく

1. 片袖ガードの体勢から、相手が小さく前後してきた場合の解説をする。
2. 相手が1歩下がったらガードを変えるが、半歩だけ後ろに下がったとき。
3. 肩で歩くように身体をねじって、相手に近づいて間合いを戻す。
4. 間合いを戻さないと、足裏の密着が弱くなるのでパスガードされやすい。

▶パターン2　前に出てプレッシャーをかけてきたら、背中で歩いて後ろへ

  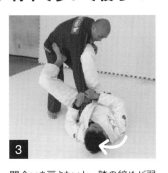 

1. 片袖ガードの体勢から、相手が半歩前に来た場合。
2. 肩で歩くように身体をねじって、相手から遠ざかって間合いを戻す。
3. 間合いを戻さないと、膝の締めが弱くなるのでパスガードされやすい。
4. もっともガードの密着感が強くなる距離のところまで移動する。

覚えておきたい 技の豆知識

お互いの身体の間合いと角度を考える

ガードやベースの形を作るとき、お互いの間合いと角度が重要なポイントになってくる。例えばスパイダーガード一つとってみても、初心者のそれは簡単に外せてしまうのに、上級者のそれは同じところをつかみ同じところに足を当てていても容易に外すことができない――これは何故か？　力のかけ方も理由の一つだがなにより間合いと角度が違うのだ。上級者は無意識で相手の位置に最適になるよう自分の身体の位置や角度を調整している。このことを理解し、ガードを作ることが大切だ。逆にガードを外す方は、微妙に身体の位置を変え、相手との間合いや角度を変えることでガードが外しやすくなるということを知ろう。

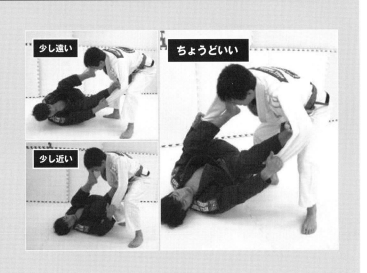

引き込み編
3章 片袖ガード

片袖ガードの攻撃 — デラヒーバ・スパイラルへの変化

⚠ 技のポイント ▶▶▶ 自分の尻の位置で攻めの方向性が変わる

自分の尻が相手の足の外側にあるのか内側にあるのかで、どちらに行きやすくなるかが分かれる。

片袖ガードは守りには強いがその体勢のままでは相手を攻められない。相手の攻撃を止めた後は、その時々の状況に応じて適切なガードに変化して攻めることが必要だ。ここではデラヒーバガードとスパイラルガードに変化しての攻撃を紹介する。もし、相手がこちらからの攻めを防いで再度攻めてきたら、再び片袖ガードや手ぶらガードに戻って守りを固めてもいい。

デラヒーバに入るための腰の位置

1 腰が相手の右足外側にあるときは、デラヒーバガードに変化しやすい。

2 右足と左肩で身体を支え、左足を大きく振り上げる。右手もしっかり引く。

3 左股関節の位置を変えることで左足甲が相手の左腿にかかりやすくなる。

4 右足爪先を相手の右膝裏に当て、バックを取りにいく。

スパイラルに入るための腰の位置

1 腰が相手の右足の内側にあるときは、スパイラルガードに変化しやすい。

2 右手で相手の右足首を取り、右足を相手の右足にからめていく。

3 頭を相手の左足に近づけると右足を絡めやすい。右足はZの形でキープ。

> 引き込み編
>> 3章　片袖ガード

| 片袖ガードの攻撃 | ## クオーターからのスピンスイープ |

⚠ 技のポイント ▶▶▶ 相手が手をつけない方向に転がす

1
身体を起こして攻めるのが好きな人は、相手の右足が近いときはクオーターガードに変化する。特に足を効かすのが不得意な人は起きた方が安全。

2
素早く起きて左手で相手の右膝裏を抱え、右手で持っていた相手の右袖を左手に持ち替える。相手が左手を使って切ってくることがあるので注意。

3
左尻を浮かせ右尻を中心に身体を回転し、頭を相手の左腿に近づけながら右手で相手の左膝をかかえる。左尻を浮かさないと身体が回らない。

4
身体を左に転がし、相手の右肩が床につくように回る。上の人は右肩を床に強打すると怪我をするので、左手を床について衝撃を弱める。

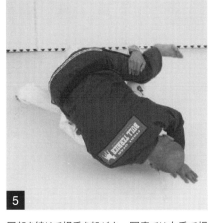

5
回転を続けて相手を転がす。写真では右手で相手の腿を抱えているが、実戦では道衣をつかんで天井方向に持ち上げる方法も有効だ。

6
上になったら、右手で相手の右袖を取って引き付けながら、左手で相手の首をすくうとそのままパスガードできる。

▶ 別角度から

4'
回転するとき、右足で自分の尻を浮かすようにする。尻に体重がかかっていると相手を崩すのが難しくなる。

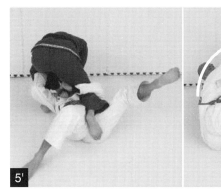

5'
尻を浮かし左手で相手の右腕と右膝にぶら下がるようにする。体重をうまく使って相手を崩す。また、崩れた相手の左膝を右手でかちあげることで上になる。相手の右すねは左そけい部で止めてパスさせない。

6'
写真5'で身体を回転させるために左足を伸ばしているが、起きるときは左足をたたむと起きやすい。

引き込み編

3章 片袖ガード

片袖ガードの攻撃 ── **スピンスイープからのもぐり**

⚠ 技のポイント ▶▶▶ 相手がバランスをとって右手を切ってきたらもぐりの大チャンス

1 前頁写真2で相手が右手を切ってきた場合。相手の重心が高く、相手の左足が近いのでもぐりに行く。

2 右腕で相手の左腿を、左腕と両足で相手の右足をコントロールしながら相手の股下に入っていく。

3 右手で相手の左膝を、右足甲と左足裏で相手の右膝を制する。左肘・膝を床につけておくことも大切。

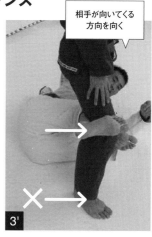

3' 自分の身体が相手の背中側にあるように。×印に相手の足があったら、両足で蹴って前に移動させる。

相手が向いてくる方向を向く

4 左手で相手の右袖を強く引き付け、左肘を床につける。❶足で相手の右足裏を浮かせてから、❷相手の足を大きく開かせる。

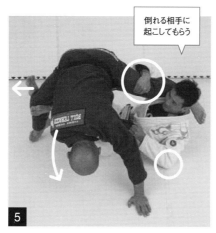

倒れる相手に起こしてもらう

5 足を伸ばせば相手は勝手にバランスを崩して転がる。左肘をついていれば、起きようとしなくても崩れる相手の体重に引っぱられて身体が起きる。

6 相手が転がったら両足をたたんで起き上がる。写真では正座しているが、実戦では相手も抵抗してくるのでクロスニーパスにいくことが多い。

❌ NGムーブ ▶▶▶ 右肩と右腰は床から離すこと

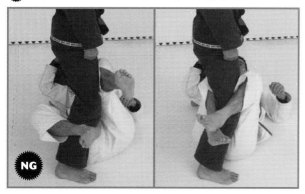

自分の身体が相手の背中側や真上を向いてしまっていると、相手の体重を受けて攻められやすい。相手が向いている方向を向き、抱えている足をコントロールして有利なポジションを作る。

❌ NGムーブ ▶▶▶ 足首でなく膝付近をかかえる

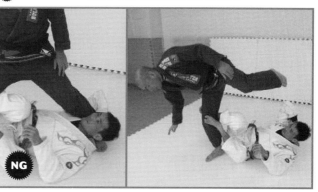

相手の足をかかえる場所が足首だと抜かれやすいし、耳を打撲して腫れることもある。相手の膝に近い太腿の部分を手の平で抑えつけて制するほうがいい。足首は首と肩ではさんで固定する。

引き込み編

3章 片袖ガード

覚えておきたい **技の豆知識**

ガードの変化例

手ぶらガード ▶ 片袖ガード ▶ 膝でプレッシャー ▶ デラヒーバガード ▶ 膝でプレッシャー ▶ スパイラルガード

1 上は攻めるために足を取ろうとする。下は足を制されると攻められるので相手の手を切る。

2 下は相手の手を取ったので、手ぶらガードより安心度の高い片袖ガードの体勢に移行する。

3 上はそのままでは攻められないので手を切りにいく。頭を上げるために腰と右膝を前に出す。

4 下は相手の右足が近づくので、踵をとってデラヒーバへ移行する。

5 上は右膝を外側に張って、下の左足が入ってくることを防ぐ。

6 上が膝を外に向けたので下はスパイラルガードに入りやすくなった。

7 下はスパイラルガードからのもぐりに移行する。

ズボンをつかまれる ▶ タックル ▶ 切る ▶ ディープハーフガード ▶ 頭を越される ▶ スイープを狙う ▶ またがれる

1 上はもぐりを防ぐために、しゃがんで股下のスペースを狭くする。

2 下はもぐれない。上が後ろ重心なのでタックルが効果的と判断する。

3 上は素早く立ち上がり、タックルを防ぐため前に体重をかける。

4 下は相手の押す力を利用して再び背中を床につけてもぐりにいく。

5 上はディープハーフで固定される前に回り込んで逆足ハーフへ。

6 下は右足を相手の右足に引っ掛けてスイープを狙う。

7 上は左足で下をまたぎ、身体の位置を変えてスイープを防ぐ。

8 下はハーフガード系で攻め切れなかったので、ガードを変えることに。

68

ここでは、手ぶらガードと片襟ガードを含めた実戦でのガードとベースの変化の一例を紹介する。ガードやベースを変化させる理由を少ないスペースだができるだけ詳しく書いたので参考にして欲しい。また、練習パートナーと一緒に試してみて、変化の意味を実感してみることをおすすめする。

足を戻す ▶ クローズドガード ▶ 腰を引いてプレッシャー ▶ すね当てガード ▶ スパイダーガード

1 下は右足を相手の股間から抜いて、クローズドガードに戻そうとする。上はそれを密着して防ぐ。

2 下は右足が抜けてクロスガードに戻すことができた。上はベースを作りガードを外しにいく。

3 上のベースが堅いので、下はオープンガードに変えて展開を作った方が有利だろうと判断する。

4 間合いを取ってすねを相手の左腕に当てる。

5 下は腰を巧みに動かして、もう一方のすねも相手の腕に当てる。

6 上は密着していても攻められないと判断し、立って袖を切りにいく。

7 下はスパイダーに移行し、相手の足が近くなったのでもぐりにいく。

またがれる ▶ 50/50 ▶ 解いてバックへ

1 上は相手にもぐられないように、左足で下の頭をまたごうとする。

2 下は左手足のスパイダーを素早く外し、50/50ガードの体勢に。

3 草刈を警戒して上が右足を後ろに引いたら、下は右足を外しバックへ。

4 上の対応が遅れたことで、下が有利なポジションを取ることができた。

5 下はバックから極めを狙いにいく。上はこの状況からの脱出を狙う。

下の人の形を「ガード」、上の人の形を「ベース」と呼ぶとすると、ガードとベースはジャンケンのような関係にある。最強のベースも最強のガードも存在しない。その理由は、選手はどちらも腕と足は2本ずつ、胴体も頭も1つずつしかないからだ。どこかを制するとどこかが自由になる。それぞれのガードとベースには長所（制せる部分）と短所（制せない部分）があり、それを理解して使っていくことが必要だ。多くのガードやベースを知っていたとしても、その原理を分かっていなければ使いこなすことはできないだろう。そのような視点からガードやベースを考えてみれば、その特性や必要性をより理解しやすくなる。

引き込み編
3章　片袖ガード

片袖ガードの攻撃 — # ガードやベースの変化際に攻める

▶ ガード側のパターン1　**上が頭をあげてきたら草刈りをかける**

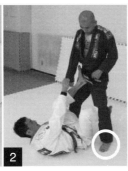

上が片袖ガードに対して頭を上げて防いできた場合、下が草刈をかけるのに良いタイミングは、上が頭を上げ始めてから上げ切るまでの間。頭を上げきった後に草刈をかけようとしても、上は体勢が整ってしまっているので防がれてしまうし、下に紹介するようにカウンターでパスガードをされかねない。

▶ パスガード側のパターン1　**下が草刈りに来たら足をさばいてパス**

右足が空振りした

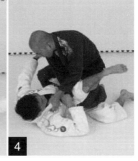

上が頭を上げている途中だと草刈がかかりやすいが、頭を上げきった後に草刈をかけようとしても、左足を後ろに引くだけで下の右足がかからなくなる。下のガードが不十分な間に、素早く両手で左足をどかしてしまえば、上はパスガードを成功させやすい。

▶ ガード側のパターン2　**上に草刈りをさばかれたらデラヒーバへ**

下が草刈をかけようとしたのに対し、上が左足を後ろに引いて防いだとする。下は相手が正面にいないと草刈をかけられないが、この角度であれば逆にデラヒーバガードに変化しやすい。相手が防いでくる形は多くの場合予想がつくので、防がれた場合どうするかまで考えておくと、自分の展開を作りやすい。自分なりの連続技のパターンをいくつか持っていると、格段に有利に試合を運ぶことができる。

▶ パスガード側のパターン2　**下が踵をとろうとしてきたら腰を切ってパス**

上が頭を上げるために右足を前に出してきた。下は左手を離して上の右足を取りにくることが多いが、上はそれを予想して右足を素早く右後方に蹴りだせば、下の左手を無効にすると同時に左に移動するための支点にできる。下の右足も、上の左肩から外して足腰に当てようとしていることが多いので、上はそのまま両足をつかんでどかせばいい。

引き込み編

3章 片袖ガード

覚えておきたい 技の豆知識

片袖片襟ガードについて

柔道で片襟ガードが多い理由

柔道で片襟ガードが多く使われているのは、下から寝技で攻めたくても上が寝技を嫌って離れてしまうと「待て」がかかるので、下は片襟を取って相手を引き付け、攻め続けて「待て」がかからないようにしなければならないという理由から。ただ、組み負けて守るときには相手が離れることはないので、両手は無闇に引き付けるのではなく、時には引き、時には押して間合いを保つようにする。また、足も相手の腰を強く蹴ってばかりではいけない。相手に近づいて腰を浮かし、股関節の角度を90度以下に保つこと。足裏を相手の肩や脇に当てるのも有効。

組み負けているのに、腰を蹴っているとパスされる

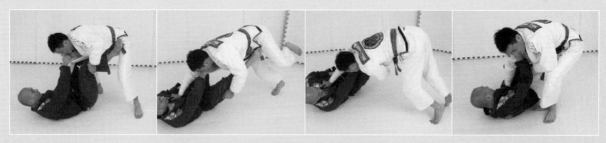

相手に胸や腰を押されてベースを作られてしまうと、左手で右膝を押し下げられてP60の要領で攻められてしまう。こうなってしまうと下はほとんど防ぐことができない。ただし相手の上体を十分引き付けて組み勝っていれば、この体勢でもパスガードされることはない。

攻め込まれそうなときは襟を離す

上のようにパスされそうだと気づいたらすぐに右手を放し、身体を丸め、足を使って相手の攻めを防がなければならない。基本的に、下が相手の片襟を引くのは攻撃の手段としてである。下が組み負けているのに片襟を引き続けているのは、相手に「近づいて攻めてください」とお願いしているのと同じだと言える。

71

引き込み編
3章　片袖ガード

覚えておきたい技の豆知識

私の柔らかい関節と硬い関節

　身体の柔軟性は、その選手がどのような動きや技が得意なのかということと大きく関わってきます。大賀の柔軟性はここに載せているとおりで、本書の内容もそういう人間がやっている動きであり、必ずしも万人に適しているわけではないということを理解してください。読者の皆さんには、これを参考にしてご自分に合った動きがあれば取り入れていただき、合わない動きについては無理に真似しないことをおすすめします。ただ、大賀はそんなに身体が柔らかい方ではありませんので、本書の技術についてはどちらかといえば誰でもできる動きが多いのではないかと自分では思っています。

　寝技において柔軟性が絶対的に必要なのかといえば、そういうことはないと思います。一般的には、身体が硬い人は力が強く、柔らかい人は力が弱いということが多いです。自分の特性をよく知り、それを活かしたスタイルを作り上げることが重要です。柔軟性を高めたり力を強くしたりという努力も必要なのかもしれませんが、大賀はいくらやっても身体が柔らかくならなかったのにやってこれたので、個人的にはあんまり無理はしなくていいのではないかと思っています。

▶ 大賀の柔らかいところ

身体を丸める柔軟性

この柔軟性は足を効かせるガードでは非常に重要。これがきついという人は、床に背中をつけて足を効かせる動きが苦手と思われる。柔軟性を養うか、シッティングガードやハーフガードなどの技術を磨いていくことをおすすめする。

股関節内旋や膝や足の柔軟性

この柔軟性は、中間距離で上から攻めてくる相手の足に、自分の足を引っ掛けるときに必要らしい。自分はあまり意識をしていないが、人からそう言われることが多い。大賀がフックガードが得意なのはこれが理由の一つかもしれない。

▶ 大賀の普通なところ

股関節屈曲の柔軟性

これについては大賀は普通レベルか若干堅い方だと思う。この柔軟性が、柔術のどの動きにどう役に立っているのかについては正直言ってよくわからない。

▶ 大賀の硬いところ

股関節外旋・外転

足を大きく開いたガードを大賀があまりやらないのはここが硬いから。そういう動きができたらもっと技の幅が広がったと思うのだが、できなかったものはしょうがない。

股関節外旋

踵を後頭部にかけられるような人をパスガードするのは非常に難しい。大賀にはとてもそんな柔軟性はないし、ラバーガードもできない。しかしこれでもある程度ガードワークはできる。

上半身伸展

写真のとおり、大賀は身体を後ろに反らす柔軟性が低い。ブリッジで相手を返す動きが得意ではなかったのはおそらくこのため。

肩の柔軟性

大賀は腕がらみをかけられたらすぐに参ったをする。腕十字固めをかけられたときに肩を回して逃げるやり方もあまり上手ではなかったのはおそらくこのため。

引き込み編

▶引き込み編
THE SCHOOL OF NEWAZA

4章

基本動作と応用技

寝技の基本動作といって誰もがすぐに思い浮かぶのがエビ――。
しかし実際の寝技では、身体を反らしたり丸くなったり、もっといろんな身体の動きが使われている。
もっと言えば、そうしたさまざまな動きを使えていなければ、寝技のあらゆる場面で限界が生じる。
本章では、そうした身体の動かし方のうち特に大切と思われるもの5つについて
その基本的な動きの原理とそれを使った実際のテクニックを紹介していく。

引き込み編

引き込み編
4章　基本動作と応用技

対角の肩と足を使うエビ

▶ 基本ムーブ

1　ここでいう「対角の肩と足」とは、対角線上の肩と足（ここでは右肩と左足）の意味。

2　左足で床を蹴って（蹴る方向は矢印）腰を浮かせる。この時は身体全体を反らせる。

3　身体を反らせたまま、左尻と床の間にできた空間に右尻を入れる。身体が完全に横を向くように。

左踵
左爪先

3　身体を丸めながら、左足を母指球（親指の付け根）を中心に回転させる。これで腰が回る。

4　身体を丸め、両腕を自分の右膝方向に伸ばすと同時に、右膝を自分のあご方向に引き付ける。

▶ 応用テクニック　抑え込んでくる相手との間にスペースを作って膝を入れる

1　マウントやベリーを防ぎながら、腕関節を取られず、かつ、相手を押しやすいところを握る。

左踵は左尻の近くに

2　両手で力一杯相手を自分の右腰の方に押しながら、全力でブリッジをして相手を崩す

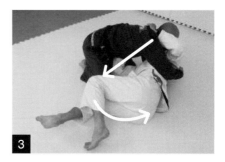

3　腕で相手を力いっぱい押したまま、基本ムーブの動きで相手と自分の間に空間を作る。

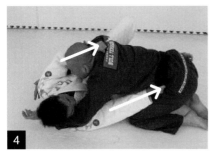

4　自分の右腰方向に押してブリッジすることで相手は崩れる。横方向に押してもあまり効果は無い。

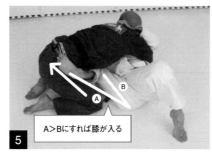

A>Bにすれば膝が入る

5　相手の右腰と自分の右股関節の間の距離Aが、自分の右腿の長さBより長くなれば右膝は入る。

❌ NGムーブ ▶▶▶ スペースが必要

A<Bでは入らない

NG　急いで右膝を入れようとしたり右股関節を相手に近づけて右膝を入れようとしても駄目。

引き込み編

4章　基本動作と応用技

対角エビの応用 ― # サイドポジションからのエスケープ

対角エビの後に有効な3つのエスケープ法

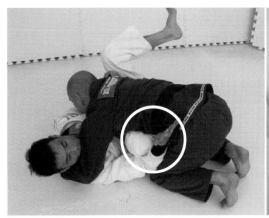

サイドポジションに対して対角エビを行って相手との間に膝を入れた後、そこから五分もしくは五分以上の体勢に戻す方法はいくつかある。代表的なものとしては、❶脇をすくってバックに回ること、❷足をフックしてのスイープ、❸足を反対側に出してガードに戻す――などがある。それぞれを状況にあわせて使い分けてほしい。

パターン1　脇を取り返してバック

1

2

3

パターン2　フックをかけてスイープ

1

2

3

パターン3　足を出してガードに戻す

1

2

3

> 引き込み編
>> 4章　基本動作と応用技

対角エビの応用・サイドポジションからのエスケープ ― 左腕の使い方

⚠ 技のポイント ▶▶▶ 左手は奥襟をとるかのど元に前腕を入れる

サイドポジションで抑え込まれた場合、まず気を付けないといけないことは左腕の関節を取られないようにすること。さらに抑え込みから逃げるためには、左腕をその力が十分発揮できる場所に置かなければならない。左の写真のように、親指を奥襟の内側に入れてつかみ、脇をしっかり締めて（左肘を左腰に近づけて）おけば、関節は取られづらいし逃げるときに相手を強く押すこともできる。もし右写真のようにのど元に前腕を当てられればより良い。相手の頭が密着していないときはのどに前腕を入れてフレームを作るようにしよう。

❌ NGムーブ1 ▶▶▶ 前腕を入れる場合は関節をとられないように注意

相手の顔が密着しているときに左前腕を相手の喉下に入れようとするとV1アームロックを取られやすい。

❌ NGムーブ2 ▶▶▶ 背中をとると相手を押せないし脇が開いて関節をとられやすい

相手の背中を取ると、肘が伸びてしまいタメがなくなってしまうので相手を押すことができない。また、脇が開いてしまうので相手に関節を取られる危険性が高くなってしまう。

▶ 応用テクニック　鉄砲返しを狙う

鉄砲返し（抑え込まれた状態からブリッジで相手を返して上をとる技。続編参照）を狙うときは、相手の左肩の上から手を伸ばして相手の帯を取るのが一般的だが、返すことができなかったら関節技を取られやすくなるので十分注意する（上のNGムーブ2では、相手の右肩方向から背中を取っていることに注意）。

対角エビの応用・サイドポジションからのエスケープ — 右腕の使い方

⚠ 技のポイント ▶▶▶ 右肘と右膝で堅固な壁を作る

1 右手で相手の左腰付近の帯を取り、拳頭（人差し指と中指の付け根）で相手の腰骨を押す。（右肘は必ず入れる）

2 相手の腰が近すぎて帯を取れない場合は、右手首の小指側の部分で相手の腰骨を止める。

3 ブリッジとエビをして相手との間に右膝が入ったら、右肘の上に膝を出すようにする。

（相手の身体をこの空間内で制する）

相手と自分との間に右膝を滑り込ませることができたら、左足で床を蹴って自分の腰を相手に近づけるように移動し、右すねを相手の身体に密着させる。右膝が入るまでは相手との間に空間が必要だが、一旦膝が入ったら、再び外されないように密着したほうがいい。さらに、右肘と右膝を密着させて離れないようにする。右前腕から指先までの部位と右すねから爪先までの部位に力を込め、相手の腰を洗濯バサミのように挟んでコントロールするイメージ。

❌ NGムーブ1 ▶▶▶ 手の平で相手の腰を押すと手首に怪我をする危険性あり

相手の腰に手の平を当てて押していると、相手が腰を切ってきた（左腰を床につけてきた）ときに手首をひねって怪我をしてしまうことがある。腰を切るのは上の選手にとっては有効な動きだし悪気なくやってしまうことなので、お互いに注意をする。

❌ NGムーブ2 ▶▶▶ 腕の下から膝を出すと肘だけ引き出されてパスガードされやすい

肘の下から膝を出すと肘と膝の密着度が弱いため、腕を引っ張られたり膝を床に押しつけられたりすると、肘と膝の間に隙間ができてしまう。隙間から相手に入られると再びパスガードされてしまう。

引き込み編
4章　基本動作と応用技

対角エビの応用・サイドポジションからのエスケープ ── **バックへ抜ける**

> ⚠️ **技のポイント** ▶▶▶ 相手を遠ざけてスペースを作り、左腕で相手の右脇をすくう

1 右膝が入った状態から。もし右手で相手の帯を取れていなければ、帯を取り拳頭を腰骨に当てる。

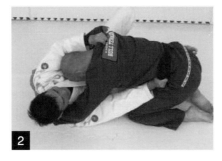

2 両腕と右膝で相手を押して遠ざける。右股間節を伸ばし胴体を反らす。頭は相手から遠ざかる。

3 相手が遠ざかって空間ができると、左腕で相手の右脇をすくうことができる。

4 左腕を伸ばしたままにしていると脇をすくい返されやすいので、適度に左脇を開ける。

> 自分の身体が相手の身体の真下にいないように

5 脇をくぐれると判断したら、左足を振り上げて、相手の脇をくぐるためのためをつくる。

> 左腕で相手にぶら下がる

6 左脇を開けることで相手の脇を開かせながら、同時に左足を振り下ろして上半身を起こしにいく。

7 左足を振り下ろす反動で上半身を起こす。左手は相手を押して遠ざける。

8 左腕で相手を引き付けて密着しバックを取る。6コマ目から左腕の使い方は変化し続けるので注意。

❌ **NGムーブ1** ▶▶▶ 左脇を締めすぎてしまうと……

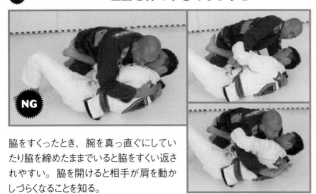

脇をすくったとき、腕を真っ直ぐにしていたり脇を締めたままでいると脇をすくい返されやすい。脇を開けると相手が肩を動かしづらくなることを知る。

❌ **NGムーブ2** ▶▶▶ 左脇を開けすぎてしまうと……

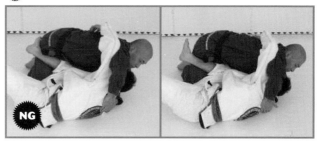

写真4の時点で脇を開けきってしまうと写真6のときにさらに脇を開けて相手を崩すことができない。ただし、この形のほうが攻めやすいという人もいる。

引き込み編

4章 基本動作と応用技

対角エビの応用・サイドポジションからのエスケープ ── # フックスイープ

⚠ 技のポイント ▶▶▶ 脇を締めて防がれたらフックスイープへ

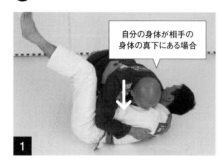

1 脇をすくっても相手のプレッシャーが強くてつぶされてしまうような場合は別の方法でエスケープ。

2 お互いの腰が近いと左爪先が入り辛いので、右足で相手の腰を押して自分の腰を少し遠ざける。

3 相手の腰との間に空間を作るため、左足を大きく円を描くように回す。

4 左爪先を相手の右膝内側にフックする。右足甲は相手の右腰を制したまま。

5 相手が左腕で首をすくっていたら、右手で相手の左肘を止める。

6 左足で相手を押して右爪先を外し、床に着いた右腰を支点にして右足を自分の背中側に移動させる。

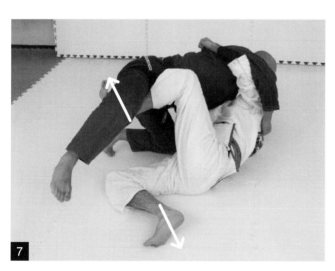

7 右爪先で床を強く蹴り、そこから両足を開く力で相手をはね上げる。左脇をかちあげて、さらに相手を返す力を加える。

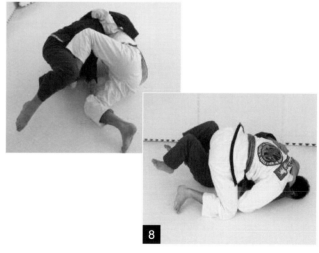

8 同時に自分の右肩に体重をかけ、腰を浮かしながらうつ伏せになって相手の上になる。

79

引き込み編
▶ 4章　基本動作と応用技

対角エビの応用・サイドポジションからのエスケープ ― # シッティングガード

▶応用テクニック　手をついてスイープを防がれたらシッティングガードへ

1　前頁写真4の時点で、相手が返されないように首をすくうのをやめて腕を伸ばしてきた場合。

2　右手で相手の左腕を引き寄せてスイープすることもできるが、もし相手がそれを防いできたら……。

3　左爪先を相手の右腿内側、右爪先を相手の左腿内側に当てて、相手と正対する。

4　背中をつけたままでは不利なので、まず両膝を肩の方に引き寄せる力で相手を少しだけ浮かせる。

5　少し浮いたら、今度は両膝を伸ばして相手の下半身を高く浮かす。頭を中心に尻が円を描くように。

6　一度両膝を曲げた後、再度両膝を伸ばして相手を遠ざけながら上半身を起こす。

7　相手を遠ざけると同時に相手に引っ張られるようにして、上半身が前傾姿勢になるまで起き上がる。起き上がりながら右尻に重心をかけると、右尻を中心に左尻が円を描くように動くことになる。左爪先は最後まで相手を押しているが、右爪先は相手の腿から離し、右膝が床に着くように折りたたむ。結果として、左半身が相手に近く右半身がやや離れている感じ。左脇を開けておくことで相手の右脇を開けさせ、右脇は相手の左腕を制したまま締めておく。

❗技のポイント ▶▶▶ 右爪先を相手の左腿に当てる

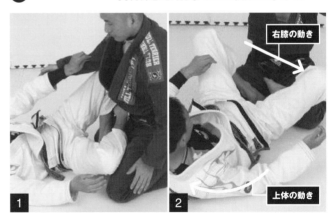

応用テクニック写真3の動き。左膝を伸ばし、左爪先で相手の右膝を外側に広げる力をかけると、反作用で自分の身体が（天井方向から見て）腰を中心に時計方向に回る。その動きを使って右爪先を移動させる。

80

引き込み編
4章 基本動作と応用技

技の豆知識 覚えておきたい

脇をすくうことの重要性

脇をすくうことで動きの自由度が高まる

P78の写真2と3で、相手の脇をすくうことを勧めている。上級者になると、脇をすくった腕を片羽で固められたり、アナコンダチョークを取られたりという場面も出てくるが、初心者のうちは脇をすくうと抑え込まれづらくなっていい。また、脇をすくう他の理由についても解説する。

❌ NGムーブ1 ▶▶▶ すくえていないと起き上がれない

P80の写真3のとき脇をすくっていないと、相手に体重をかけられて起き上がることができない。また、背中が床についているとパスされやすい。

❌ NGムーブ2 ▶▶▶ 相手の腕が自由になってしまう

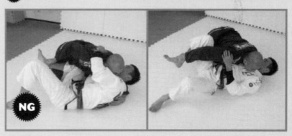

右膝が入っても脇をすくっていないと、相手の右腕が自由に動くので、せっかく入った右膝をどかされることがある。

❌ NGムーブ3 ▶▶▶ スイープすることが難しい

脇をすくっていないと、相手の体勢を崩せないのでスイープがしづらい。ただし上級者になると左腕で相手を吊り上げてスイープする技術もある。

▶応用テクニック 膝を抑えてきた手を利用して返す

P80の写真7で、相手が左手で右膝を抑えてきたときの対処。右手で相手の左手を抑え、左足裏を床につけて床を蹴り、右腰横を中心にして回転する。これで自分の右膝が動き、相手の左腕を相手の股間方向に押し込むことができる。両足を広げる力で相手を返す。

81

引き込み編
4章 基本動作と応用技

同側の肩と足を使うエビ

▶基本ムーブ　床に近い側のつま先と肩で身体を支え、腰を上げる

1 基本姿勢。相手が危険な距離まで入ってきたら足を矢印方向に回す。

2 右側に転がって、右肘と右膝を床にしっかりつける。

3 さらに右に転がり続け、尻が天井を向いたら右爪先で床を蹴る。

4 右爪先のスナップで床を蹴り放って飛ぶ。右肩を中心に腰が円を描く。

5 丸まった身体を伸ばして着地する。

矢印方向に回転すると腰が浮く

腰が浮いてから左膝を伸ばす

左踵と左尻を近づけることが大事。これによって左膝が曲がってタメができる。左写真では身体はほとんど真横を向いているが、ここではまだ左膝を伸ばさない。伸ばしても腰が床に平行に移動するだけ。さらに左に転がり続け、左肩・肘・膝・爪先に体重をかけ、左腰が床から浮いて尻が天井を向いたところで初めて左膝を伸ばす。これによって尻が天井に向かって動くことになる。

▶応用テクニック　相手が膝を腹に乗せてきたときの防ぎ方

1 すばやく反応して足を回して右を向き、両手で相手の右膝を止める。

2 右爪先でしっかりと床をとらえる。さらに右を向いて腰が浮いてから右膝を伸ばす。

3 腰を相手の右膝から遠ざける。両手で相手の膝を押しているので相手は近づくことができない。

4 このままだと相手に逆サイド（背中側）に回られかねないので、急いで相手の方に足を向けにいく。

左手は邪魔なので途中で放す

5 両膝を胸に近づけて腰を浮かすことと、手で相手の右膝を引き寄せることで相手側に足を向ける。

6 右足の甲を相手の腰に当てた体勢に戻る。右手で膝をつかんだままなので相手は動きづらい。

引き込み編
4章 基本動作と応用技

身体を反らせる動き

▶基本ムーブ 腰と足を固定して肩を動かす

エビでは足と肩を重く、腰を軽くすることで腰を動かす。この動きは肩を軽くして動かす。

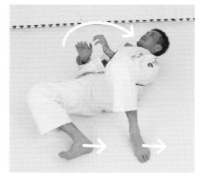

胴体を反らす力と足で床を押す力を使って身体を反らせる。

❌ NGムーブ▶▶▶
"丸まってる"から"まっすぐ"ではない

もともと丸まってるところからまっすぐになるのではなく、まっすぐの状態からさらに反ることが大切。

▶応用テクニック 反る動きを利用したオモプラータ

1
相手の右手が脇に入っていたら、左膝は外に右膝は内に入れる。腰は相手に近づける。

2
両足裏を相手の腰に当てて腰を浮かし、両膝で相手の腕と顔をはさむ。

3
身体を反らせて上半身を左方向に動かす。腰はむしろ右方向に動くイメージ。

4
十分に左股関節と膝にタメをつくったら、矢印方向に左足を強く伸ばす。

5
足を伸ばすと、相手が崩れ→自分の身体が回転→自分の上半身が起きる―という動きが生まれる。

❌ NGムーブ▶▶▶ 相手の顔に自分の頭を近づけない

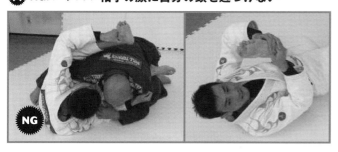

エビをしてオモプラータに入る人も多いが、左写真のように相手と自分の頭の距離が近づくと、左足を相手の右肩に回すのは難しくなる。自分の足と頭を近付けるには柔軟性が必要だからだ。逆に言えば、相手の頭と自分の頭が離れているほうがオモプラータはかけやすくなる。もちろん、身体が柔らかくて左足が自分の後頭部にかかるというような人であればこの例は当てはまらない。ただし、無理に足を回すと膝を壊しやすいので注意。

83

引き込み編
4章　基本動作と応用技

身体を反らせる動きの応用 — コムロックからの腕固め

▶応用テクニック　反る動きを利用したコムロック（片閂(かたかんぬき)）からの腕固め

1 相手の右腕が左脇にあるとき、右手で相手の左襟を引き出しながら左手でなるべく深く取る。

2 左肘が相手の右肘に、左脇が相手の右手首に当たるようにする。こうすると抜けそうで抜けない。

3 相手が密着してくると極まらない（相手の右肘が曲がるので）。頭を相手から遠ざけること。

4 相手が密着できないように、左肩を押して空間を作り、手前に右膝を出して相手の左肩に当てる。

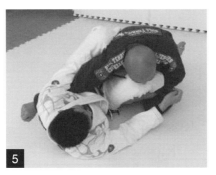

5 右に身体を倒し、両足で腰を蹴り相手を遠ざける。身体を反らし、脇で手首を動かすと肘が極まる。

6 左脇で相手の手首を止めて、左肘を伸ばして相手の右肘に力をかけるのがポイント。

7 相手の頭を下げられないときは、両足と肩を重くして腰を浮かして、腰を相手の左膝に近づける。右膝の内側を相手の左頬に当て、両膝で相手を挟む。

相手の顔が矢印方向に向くと極まらないので両膝で止める

8 両膝で相手を挟んだまま、身体を左に反らし左腕を伸ばすことで相手の右肘が極まる。大賀が2007年にマスター＆シニア・インターナショナル決勝で世界一になった試合での決まり手。

引き込み編
4章　基本動作と応用技

身体を反らせる動きの応用
両肘をつかんでの単純なスイープ

▶応用テクニック　単純に見えて実は奥が深い両肘をつかんでのスイープ

1 オープンガードの前傾姿勢で、相手が両襟を取ってきたとき、両手で相手の両脇の下を取る。

2 両足を相手の腰に当て、身体を左に反らせていく。決して真後ろに寝ないこと。

3 左肩は動かさず、右肩を左肩と床の間の空間に入れ込んでいくように動く。

相手の左腕が引き出される

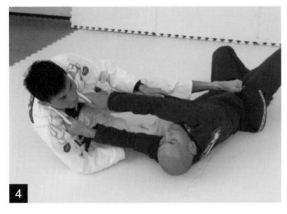

4 右足はただ当てているだけ。うまく身体を左に反らせると自分の左腰がちょうどいい位置に来て、左足を強く伸ばすと相手が横転する。

❌ NGムーブ2 ▶▶▶ 横に転がっても相手は倒れない

背中側から見たとき、矢印のように尻を中心に右肩が円を描くように動かしても相手は倒れない。相手は右手を床について防ぐことができるし、自分の足腰も相手を転がすことができる形にならない。また、写真2の時点で足で強く蹴ってはいけない。特に左足を強く蹴ってしまうと、身体を左側に反らすことができなくなる。

❗ 技のポイント ▶▶▶ 相手の両腕を無力化する方法

1 相手が床に手をつくとスイープを防がれてしまうので、相手が襟から手を離さないようにする必要がある。

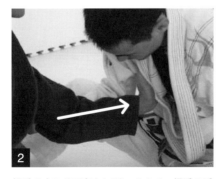

2 相手の力こぶの裏あたりをつかんで、相手の手首が極まるように手前に引き付けておく。自分の肘と肘の間も十分近づけておく。

3 頭を相手の身体に近づけて胸付近を丸くへこませるようにすると相手は手を離せなくなる。身体を左に反らすときも、できるだけこの体勢を保持する。

85

引き込み編
4章 基本動作と応用技

身体を反らせる動きの応用 ― スパイダーやシザーススイープ

▶応用テクニック 反る動きを利用したシザーススイープ

1 クローズドガードから対角エビで距離を作り右すねを相手の腹に当てる。

2 右手は相手の襟、左手は相手の袖、左膝裏は相手の右膝に当てる。

3 左膝の外側を床に密着させることが大事。そうしないと左肩が浮かない。

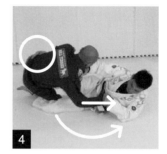
4 相手にぶらさがるような力もかけて、左肩を浮かして身体を反らす。

5 右膝を伸ばし、左股関節も伸ばす。この２つの動きの連動が大切。
（相手が転がるまで起き上がらないこと）

6 相手が転がったら、右踵を相手の左腰に引っかけ、左手で床を押して起きる。

✗ NGムーブ ▶▶▶ 横に転がっては返せない
身体を反らさず、股関節を伸ばすこともしないと、相手を引き出して崩すことができない。

▶応用テクニック 反る動きを利用したスパイダースイープ

1 相手の両袖を取り、右足裏を相手の左肘裏に当て、左ふくらはぎを相手の右膝の外側に当てる。

2 相手を左に返しにいく。左膝の外側をしっかり床に密着させ、身体を右方向に反らしはじめる。

3 身体を反らせ、両肩を矢印方向に動かす。足腰を固定していると肩を動かしやすい。

4 身体を反らせ続けながら、矢印方向に身体を回転させると、相手は転がり自分が上になれる。
（相手が転がったらすぐに右足を外す）

5 両袖をつかんだまま写真×印のところに両手をついて体重をかけると、腰が浮いて上になりやすい。

✗ NGムーブ ▶▶▶ 横に転がっては返せない
尻を中心に左肩が円を描くように左に倒れても、相手との角度が悪いと相手を返すことができない。

引き込み編
4章　基本動作と応用技

身体を反らせる動きの応用
ハーフガードから正面に戻す

▶応用テクニック　反る動きを利用して正面に戻す

1

左手を相手の左肩に、右手を左膝に当てる。肘が伸びたらそれ以上相手を遠ざける必要はない。

2

左手で相手の左肩を押す力を使って身体を反らす。右手は自然に相手の左膝から離れる。

3

右足を相手の股間から抜き、足裏を相手の左腰に当てると、相手を蹴って遠ざけることができる。

P83のオモプラータと同じように、自分の頭を相手の左腰から遠ざけることが重要。

頭が遠ざかると相手の股間から足を出しやすい。膝をみぞおちに引き付けてから腰に当てる。

❌ NGムーブ ▶▶▶
丸まっていては返せない

身体を丸めていると足を股間から出しづらい。もちろん、ハーフガードが好きならば身体を丸めていても問題ない。

覚えておきたい
技の豆知識

相手との角度とスイープの方法の違い

正座した相手がもっとも崩れやすい方向は、太腿の中心軸に垂直な方向（A）。相手の太腿の中心軸と自分の正中線を重ねると、Aの方向に力をかけやすい。ここに位置すれば、相手に対して円を描くように動く方法（B）でも相手を返すことができる。ただし、逆の太腿の中心軸と自分の正中線を重ねてしまう（C）と、Bのやり方では相手を返すことは難しい。この場合でもP86のやり方を使うと相手を返すことができる。Cに位置していると、相手を横に崩すことは難しいが、自分の身体を反らせることで相手の右腕を相手の左方向に大きく引きやすいことと、自分の右足で相手を強く蹴りやすいという位置関係を利用している。

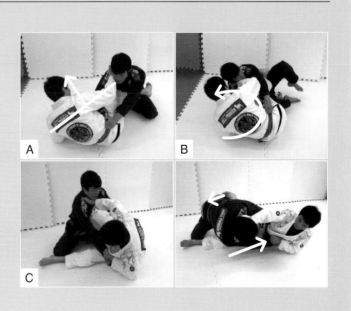

87

引き込み編
4章　基本動作と応用技

手を振って起きる

▶基本ムーブ　バンザイしてから両手を横に振って起き上がる

1　バンザイして胸を反らす。このとき軽く膝を曲げ両膝は天井を向いている。

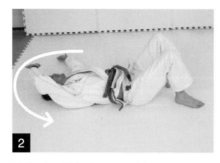

2　両手を少し左側に振ってから右側に大きく振る。同時に腰を少し左に移動させると起きやすい。

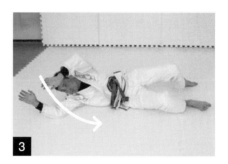

3　両膝も右に向かせ、できるだけ床に近づける。両指先は床をこするように弧を描きながら回す。

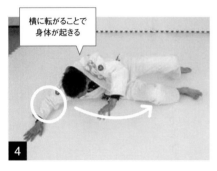

横に転がることで身体が起きる

4　途中で右肘を床に着き、左腕を回し続けることで身体が起き上がる。決して腹筋を使って起きない。

5

右手で床を押して肘を伸ばすことで完全に起き上がる。左手は前に出して攻めてくる相手を止める。右手の床についている点を軸にして指を浮かしながら、手首を矢印方向に回転させるとうまく右肘を伸ばすことができる。

▶応用テクニック　相手が足をさばいて肩を乗せてくるときの対処

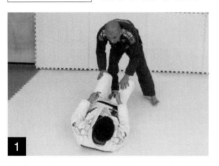

1　相手に両膝を取られたら、本来はすぐに相手の袖を取って、つかまれている手を切りたい。

2　こちらが対応する前に、素早く攻めてこられたら、防御法を切り替える判断をしなければならない。

3　素早くバンザイをして身体を伸ばす。特に右腕をバンザイしないと起きるためのベースができない。

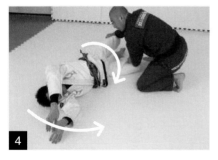

4　おでこが床をこするようなイメージで、右側に身体を回転させていく。

5　右肘をベースにし右肩が床から浮けば、もう簡単にパスはされない。左腕を素早く回して起き上がる。

6　右腕で床を押し、その力をそのまま相手に伝えるイメージで、左手で相手のプレッシャーを止める。

引き込み編

4章　基本動作と応用技

手を振って起きる動きの応用 — # パスガードを防ぐ１

▶応用テクニック　相手を止めた後のガードへの戻し方

1 この状況にされたら、足を相手にかけてガードに戻すのは無理。

2 足は潰させたままにしておいて、そこから横を向いて起きる。

とりあえずA方向に

3 相手を左側に回らせないため、左手で相手の左膝を握り、前進してくるプレッシャーを左肘や肩で止める。さらに、足で床を蹴ってA方向に移動し、距離を作る。

相手はB方向には追ってこれない

4 下半身を相手から遠ざけたら、左手を相手の右肩に当てて、B方向に移動し、相手の動きを止める。

5 相手が止まったら、左手を相手の右肩に当てる。

6 右手と足で身体を支えて腰を浮かし、左手で相手をはたきこむ。相手が膝を握り続けていれば相手は倒れる。膝を放したらガードに戻す。

✖ NGムーブ１ ▶▶▶ 肘の位置は肩より上に

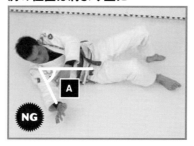

肩より下に肘をつくと起き上がるとき腕が邪魔になる。腕と胴体の角度Aが90度以上になるようにする。

✖ NGムーブ２ ▶▶▶ 右脇をべったり床につけない

右肘が伸びて右脇がべったり床についていると肩が床から浮かない。右腕を床につくときは肘を曲げておくこと。

✖ NGムーブ３ ▶▶▶ まっすぐ起きると潰されてしまう

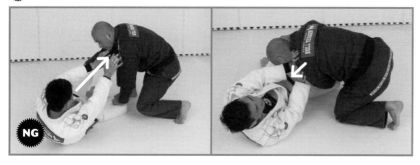

矢印方向に腹筋を使って起き上がるのは難しい。両腕で相手を押すと背中を床につかされてしまう。もしこうなってしまったときの対応はP91を参照のこと。

89

引き込み編

4章 基本動作と応用技

手を振って起きる動きの応用 — ## パスガードを防ぐ2

▶応用テクニック　相手と反対側に膝を倒されてしまった場合

1　前頁では相手が膝を右に倒して右に回ってきたが、こんどは膝を左に倒しながら右に来た場合。

両足はこの位置に持ってくる

2　落ち着いてバンザイした腕を回し、膝を倒された方向に起き上がる。相手に背を向けても構わない。

右手で相手の右手をつかんでおく

3　上体を起こしたら右手で相手の左袖をつかみ右肘を伸ばす。これで相手はバックに回ることができない。

写真2の×の位置

4　左手を床につき、右足で床を蹴って矢印方向に腰を動かし相手に正対する。

5　右手に体重をかけることで相手は動きづらくなり、逆に自分は腰が浮くので動きが楽になる。

6　写真3→4の動きがポイント。P50の第一回転と同じ動き。

❌ NGムーブ1 ▶▶▶ 相手の方を向いても無駄

膝を左に向かされたのに無理に右方向に手を伸ばしても、身体がねじれてしまうので力が入らないし、体勢を戻すことはできない。

❌ NGムーブ2 ▶▶▶ 袖を取っていないとバックに回られる

写真3の時点でしっかり相手の左袖を止めておくことが重要。左袖を取っていないとバックに回られてしまうからだ。相手は左手を使って膝を床方向に押し付けているから、左袖は容易に取ることができる。もし相手がつかんでいる右膝を放したら足が自由になるのでガードに戻せばいい。

引き込み編

4章　基本動作と応用技

手を振って起きる動きの応用 — ## パスガードを防ぐ3

▶応用テクニック　**肩をつけられてしまった場合**

1　相手が左肩で腹に圧力をかけてきたら、両脇を締めて両手で相手の肩を止める。

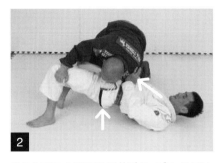

2　身体を反らしながら両肘を伸ばす。ブリッジすると腰がもっとも動くので、そこに相手を押し付ける。

3　十分に身体を反らした後、腕で相手の肩を止めたまま自分の腰を遠ざけて、相手の肩の密着を外す。

4　右手を離して床につく。左手は肩を押す位置を変えて相手の圧力を腕一本で止められるように。

5　両膝関節を曲げ、踵を尻に引き付ける。両膝の位置は押さえつけられたまま動かさなくていい。

6　左手で押さえたまま、両足で床を蹴って腰を相手から遠ざかけてガードに戻す。

覚えておきたい**技の豆知識**

似てるパスでも逃げ方は変わる

上の例のように、両膝をつかんでのパスガードに対しては、相手の肩がこちらの腹に密着するのを防ぐことが重要。密着を外し、腰が自由になったら相手を遠ざけることができる。ただし、相手が"くっつき"（かみつき）で攻めてきた場合は、足をすくい帯をとって腰を固定してきているので、同じ方法では逃げれない。くっつきをされてしまった場合は、左足がある程度動くので、相手の肩の密着を外してから、左足を相手の左顔にかけて防ぐといい。つまり、パスガードの種類が変わると相手に制されている場所も変わるので、当然逃げ方も変えなければならないということ。手足4本すべて完全に制されているということはありえない。必ずどこかは動くので、動く部分を有効に使って相手の攻めを防ぐようにする。

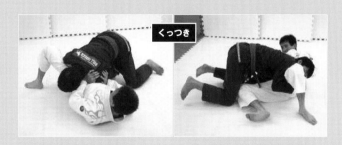

くっつき

両膝を取られると両膝を殺されてしまうが、腰と膝から下を動かすことはできる。一方、"くっつき"をされると腰と右足は死んでしまうが、左足を動かすことはできる。

引き込み編

4章　基本動作と応用技

頭上方向への移動

▶基本ムーブ　頭上方向への移動〜足の力で動く

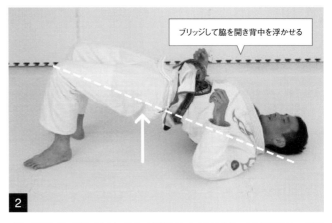

1　仰向けになって膝を曲げ、尻の近くに足が置かれている体勢からスタート。

2　ブリッジをして、膝から肩までが一直線になるようにする。天井に向かって反るのは構わない。尻が床に近づいてはいけない。

ブリッジして脇を開き背中を浮かせる

3　身体をまっすぐ伸ばしたまま上体を左右にひねる。肩が左右交互に浮くと自然に身体全体が頭上方向に進む。

足裏の位置は変えない

▶応用テクニック　かつぎパスガードのプレッシャーを逃がす

1　かなり密着して足をすくわれてしまっていて、もうP51のように足を戻せる状態ではない。

2　身体を反らせて防ぐことに方針を変更。肩で床を押して腰を浮かし、身体がまっすぐになるように。

3　膝裏で相手に体重をかけ、身体を伸ばしたまま左右に身体をねじると相手から遠ざかることができる。

相手が押す力を利用して動く

❌ NGムーブ ▶▶▶ 身体を伸び縮みさせると丸められてしまう

右半身、左半身を交互に伸び縮みさせて動くやり方もあるが、かつがれたときにこの方法を使うと身体を丸められやすい。

92

引き込み編
4章　基本動作と応用技

頭上方向への移動の応用 — 三角絞めで押しつぶされたとき

▶応用テクニック **三角絞めを押しつぶされたときの対応**

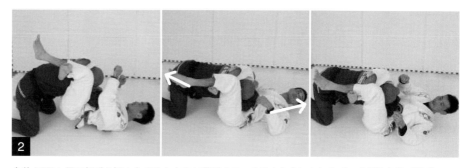

1 三角絞めをかけても潰されて胴体を丸められると絞まらない。

2 身体を反らし足で相手を押す力で頭上方向に移動する。身体を左右にひねることで自然と身体が移動する。適切な距離ができたら胴体を反らしたまま股関節を曲げて絞める。

▶基本ムーブ **頭上方向への移動〜首の力で動く**

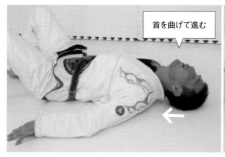
首を曲げて進む

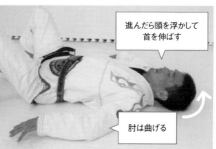
進んだら頭を浮かして首を伸ばす

肘は曲げる

両足、両腕と後頭部で床を押し、背中を浮かせて移動する。これを少しずつ何度も行なう。首を鍛えてない人は怪我をする危険性があるのでやらないように。

▶応用テクニック **かつぎパスガードのプレッシャーを逃がす**

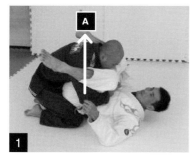

両手と後頭部で移動

ここまできたらさらに身体を伸ばして移動

1 ここまで丸められると身体を反らしてもA方向にしか力が働かない。これでは身体が床に押し付けられるだけ。

2 両手と後頭部で尺取虫のように頭上方向に移動し、相手との間に距離を作る。距離ができたらP92の方法でさらに頭上方向に進んでガードに戻し、五分の体勢を作る。

93

引き込み編
4章 基本動作と応用技

覚えておきたい 技の豆知識

足を重くするコツ

脚を重くする方法

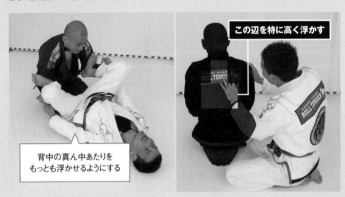

この辺を特に高く浮かす

背中の真ん中あたりをもっとも浮かせるようにする

✕ NGムーブ ▶▶▶
お尻を高く浮かしても意味がない

お尻を高く浮かすと一見足が重そうに見えるが実際は逆効果。自分の体重を自分の肩で支えているので相手は楽なのだ。ただしこちらの脇がしまり、相手の脇が空いていたらこの形でもいい。

P43でも紹介したが、自分の足を相手に重く感じさせることは、下のポジションにとって時として重要になる。方法としては、尻をほんの少し浮かして肩を床につけ、肩甲骨を寄せるようにして図の凸の部分を高く浮かすようにする。これによって自分の体内にうまれる不均衡を相手に支えさせる=相手に重く感じさせることになる。

▶応用テクニック1 足を巻いたスパイダースイープ

1 左手で相手の右袖、右手で相手の左膝を取る。左足は相手の右腕に巻きつけ、右足の甲は相手の右腰に密着させる。

重くなる　浮かす

2 左肘が床から離れないぎりぎり遠くのところに位置を取り、左肘を重くしたまま背中を床から浮かせる。

3 相手の右腕に瞬間的に体重がかかり、相手の体勢が崩れたら、左肘を支点にして起き上がる。右手は強く相手の左膝をかち上げる。

▶応用テクニック2 下からの腕十字固め

1 右手で相手の右肘を包み込むようにつかみ、身体を反らし、自分の右手首とみぞおちではさんで相手の腕を固定する。

2 右足を相手の背中に乗せてから身体を反らせると右足が重くなって相手が動きづらくなる。

3 両足で相手を強く挟み、左手と右足で相手の身体を遠ざけてから、左足を相手の顔にかけ、腕十字を決める。

▶引き込み編
THE SCHOOL OF NEWAZA

5章

道衣のつかみ方

道衣を着て行なう競技の基本として、相手を"つかむ"ということを再チェック。
襟や袖のつかみ方、切り方、上からのつかみ方、下からのつかみ方などを紹介する。
正しい道衣のつかみ方を覚えれば、しっかりと相手を制することができるだけでなく、
そこから寝技の攻防を優位に進めるコツを多く理解できるはずだ。
また誤ったつかみ方は怪我の元にもなるので、この際ぜひ正しいつかみ方を学んでもらいたい。

引き込み編
5章　道衣のつかみ方

道衣のつかみ方 — 下から袖口をつかむ

▶つかみ方1　袋取り

相手の道衣の袖口を外側にめくって指先を引っ掛ける。握力が最小ですみ、相手の袖口をひきつけて制するには最適。欠点は、強引につかみを外されると、指を怪我する危険性が高いこと。初心者はやらない方がいい。

写真左のように指の関節2つだけを曲げる。写真右のように手の甲と指をつなぐ関節を曲げると、前腕（指で示している部分）の筋肉が疲れてしまう。親指を相手の袖口の中に入れると怪我の危険があるうえ反則なので注意。

▶つかみ方2　ピストルグリップ

ピストルを握るように相手の道衣をつかむ（写真では相手の腕が小指側にあるが、相手の腕が人差し指側にくるようにするとピストルをイメージしやすい）。握力が必要だが、怪我の危険性が少ない。

親指と人差し指で相手の袖口をつまんで引っ張り上げ、棒状になった相手の道衣をつかむ。道衣の袖口の幅が広い場合に有効。幅が狭い場合は袋取りの方が有効。この場合も、指が相手の袖口に入ると反則なので注意。

▶つかみ方3　軽く制する

上級者向けだが、軽く相手をつかむやり方もある。たとえば右手で相手を強くつかんで引いた場合、相手を制することができるかもしれないが、自分の右上半身も動かなくなりかえって不利になる場合がある。軽くつかめばその手で相手の動きを察知できるし、ある程度は相手の動きを止めることもできる。また、いつでも放してより有効なところに手を当てなおすこともできる。

❗技のポイント ▶▶▶ 肘の位置がポイント

脇を締め、拳を自分の胸元に引き付けると（写真左上）、引いている力感はあるが相手の崩れは少ない。脇をあけ、自分の肘を遠ざけるようにすると、相手の袖口と相手の重心の距離が遠くなるので相手の崩れ方が大きくなる（写真右上）。相手の右腕を特に強く引きたいときは、相手の左腕をあまり強く引かないようにする（写真左）。

引き込み編
5章　道衣のつかみ方

道衣のつかみ方　つかまれた袖口を切る

▶パターン1　肘を曲げ、前腕を回して切る

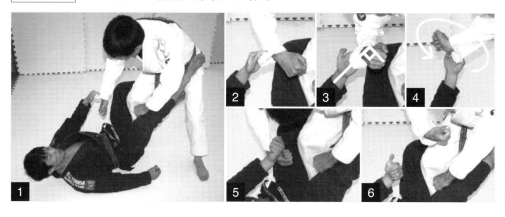

下から袖をつかまれたら、肘を曲げてお互いの前腕で作る角度を90度にし、前腕全体を回して切る。

❌ NGムーブ ▶▶▶ 肘が伸びたまま回しても切れない

肘が伸びた状態から回して切ろうとしても、相手の指に負荷がかからず切れにくい。また、相手の指に道衣が巻きついて外れなくなると指を怪我しやすいので注意すること。

▶パターン2　相手の手を切るときは肩を相手の肩から遠ざける

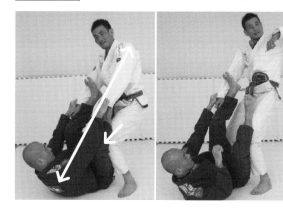

足を踏みしめ、腰を前に出し、背筋を伸ばして自分の肩を相手の肩から遠ざける。肩を遠ざけることで、相手の指に負荷がかかる。そのうえで脇を開けて肘がさらに相手の肩から遠ざかる方向に引く。自分の袖口を相手の手が届かない場所まで持っていくこと。

❌ NGムーブ ▶▶▶ 肩が相手に近いままだと切れない

肩を遠ざける前に肘を曲げてしまうと、相手の手が届く範囲で自分の袖口が動いているだけということになってしまうことが多い。

❗ 技のポイント ▶▶▶ 切れないときはもう片方の手で相手の手を押す

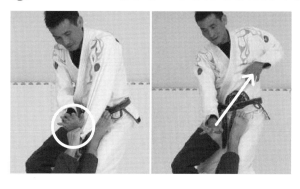

肩を遠ざけてもつかみが切れないとき、片手が空いていたら、その手で相手の手を押さえながら肘を曲げると効果的。ただし、相手が指を怪我しやすいので注意する。つかんでいる方も、危ないと思ったら早めに放すこと。

引き込み編
5章 道衣のつかみ方

道衣のつかみ方 — 下から脇近くをつかむ

❗ 技のポイント ▶▶▶ 下から脇近くをつかんで相手の腕を引きつける

相手がこちらの道衣をつかんでいるときは、相手の袖口を取っても相手を崩すことは難しい。その場合、相手の脇に近いところを取ると効果的に攻めることができる。

▶パターン1　相手の右手のベースを崩す

1 相手が右腕でベースを作っているので、左手で袖口を引いても相手を崩すことができない。

2 左手で相手の右脇近くをつかむ。できるだけ道衣をたくさんつかみ、相手の腕が動かないようにする。

3 右腕で相手の左足をすくいにいく。自分の腰を左にずらし、右腕を相手のお尻の下から入れる。

4 両手両足を効かせて、自分の身体を回転させながら相手の体勢を崩す。

5 相手をひっくり返してスイープする。クロスガードからスイープするとマウントを取りやすい。

▶パターン2　肘の下をつかんでの三角絞め

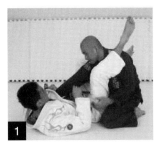

1 三角絞めを仕掛けるとき、袖をつかんで引くと相手が脇を締めやすい。

2 右肘が抜けてしまうと三角絞めが決まらないし、逆にパスされやすい。

肘の奥をつかむと肘が抜けづらい

3 相手の右脇近くをつかんで引き付けると、相手は右脇を締めづらくなる。

左拳は自分の左そけい部に押し付けておく感じ

4 肘が抜けなければ三角絞めが極まりやすい。

引き込み編
5章　道衣のつかみ方

道衣のつかみ方 — 襟をつかむ

▶つかみ方1　クローズドガードの上からつかむ

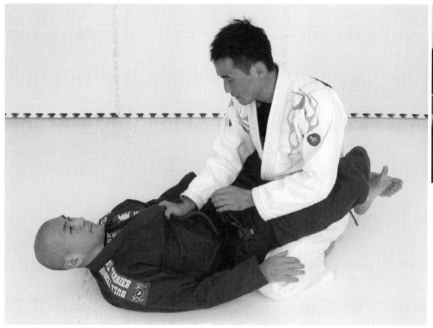

オープンガードの場合は状況に応じて相手のどちらかの襟だけを取ることが多いが、クローズドガードの場合は、右腕を右にも左にも流されないように相手の両襟をまとめるようにしてつかむ。このとき、手首固めを取られないために小指側を相手の胴体につける。身体が崩れていると握力が弱くなり組み手を切られやすくなるので、腰を入れる、背筋を伸ばす、頭を上げる、肩を落とすということに気をつけて、身体全体のバランスを取ることが必要。

✕ NGムーブ ▶▶▶ 手首固めに注意

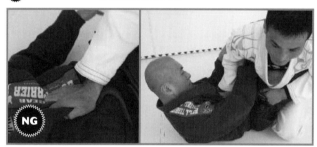

手の平全体を相手の身体につけると手首固めを極められやすいので気をつける。また、手にかける体重、腰にかける体重、足にかける体重は相手の動きに対応して適切に配分することが重要。

▶つかみ方2　下からはつかんでひねる

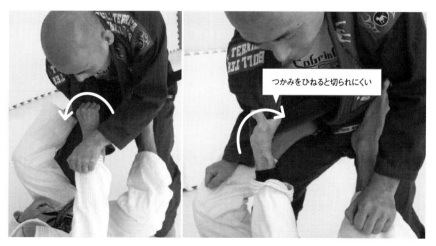

つかみをひねると切られにくい

相手の襟を取ることで、引き付けて攻めることもできるし、突っ張って間合いを取り守ることもできる。

相手が両手で右手を切ってくることがある。右腕が常に一定の形のままだと切られやすいが、脇を開け閉めして肘の位置を動かしたり、手首をひねったりすることで切られづらくなる。

99

引き込み編
5章 道衣のつかみ方

覚えておきたい **技の豆知識**

片襟ガードで相手を制する方法

手を深く入れて手の甲を首に密着させる

1. 左手で相手の右襟を軽く引きながら、右手を奥深く差し入れる。

2. 左手で相手の右襟を開くようにすると、右手が入れやすくなる。

3. 右肩を相手に近づけながら右肘を伸ばして、できるだけ奥を取る。

相手の顔を反対に向かせる
4. 右腕を利かし、相手の顔を自分と逆の方向に向かせる。

右脇を開け、肘が天井を向くようにする。肘は曲げる。手首を矢印方向に捻る。自分が前傾姿勢のときにこの方法で相手の首を制すると、非常に攻めやすくなる。大賀が実戦でもっとも使っていた攻めの入り方。

✕ NGムーブ ▶▶▶ **脇が開いていない**

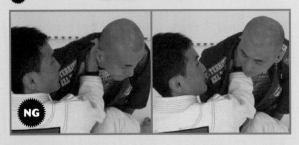

単に脇を締めて相手を引き付けても、相手の首が自由に動くので攻めづらい。上写真の方法で相手を崩してから引き付けて攻めると良い。

✕ NGムーブ ▶▶▶ **手の甲が首に密着していない**

写真3→4で、自分の手の甲と相手の首が密着している状態をキープする。手の甲が密着していないと相手の首を制することができない。

▶応用テクニック **相手の右手をコントロールしたら、左に移動して相手の右手を流す**

1. 相手の首を制し、相手の右手のつかみを切ったらすぐ腕を流す。

2. 左足で床を蹴って左に移動することで、相対的に腕が流れる。

3. 移動しながら右腕で相手にぶら下がることで相手が崩れる。

4. 左手で相手の帯を取り、スイープしたりバックを取ったりする。

引き込み編

5章　道衣のつかみ方

道衣のつかみ方　つかまれた襟を切る

上の選手の切り方

相手に襟を制されると、自由に近づいたり離れたりできなくなり攻めづらい上、引き付けて攻められてしまうことにもなるので、切って無効化する必要がある。

▶切り方1　**襟に沿って下げる**

両手で相手の手首をつかみ、頭を上げると同時に相手の手首を下げる。頭を斜め後ろに上げると、より相手の指に負荷がかかる。

▶切り方2　**相手の指がほどける方向に切る**

上半身を後ろに引きながら相手の手首を前方向に押す。手首を斜め上方向に持っていくと、相手の手首が極まり握力が弱まる。

下の選手の切り方

▶切り方1　**相手の指がほどける方向に引く**

両手で相手の手首をつかみ、相手の腕に垂直な方向に力をかけて切る。上半身を反らし、ベンチプレスを上げるようにすると腕に力が入る。

▶切り方2　**相手が崩れる方向に切る**

相手が強く腕を突っ張っているとき、身体を起こしながら手首を相手の方向に押すと、相手の体勢が崩れて握力が弱まり、手が切れやすくなる。

▶切り方3　**クラッチを組んで切る**

相手の右手首が曲がり握力が弱まる

クローズドガードで時間をかけて組み手が作れるときは、右手で相手の袖を取り、左手を相手の右腕の下から入れて自分の右手首を取る。両腕を上げる力に加えて左手首を曲げる力を相手の右手首にかけることができる。

101

引き込み編
5章　道衣のつかみ方

道衣のつかみ方 ― 下からズボンをつかむ

▶つかみ方1　裾を袋取り

相手のズボンの裾に指を入れることは反則。また、怪我もしやすい。

相手のズボンの裾を袋取りすると動きを制するのに有効。強い力をかけられると指を怪我する危険があるので注意。

▶つかみ方2　裾をピストルグリップ

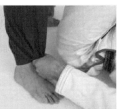

ズボンの裾をピストルグリップでつかむこともできる。写真では親指側に相手の足があるが、小指側に相手の足がくる場合もある。

▶つかみ方3　膝を袋取り

ズボンが相手の膝裏にめりこむように

膝横の少し下の部分を親指と人差し指でつまんで取っ手を作り、手の甲が床を向くように相手のズボンを取る。ズボンが膝裏に食い込むと相手の動きが止まりやすい。

▶応用テクニック　座っている相手の膝を袋取りする

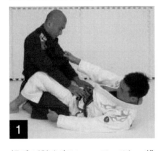
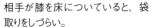

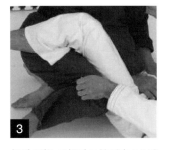
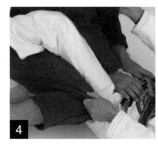

とりあえずしわをつかむ

1　相手が膝を床についていると、袋取りをしづらい。
2　とりあえず、相手の膝の下の部分のしわをつかんでおく。
3　相手を崩して相手の膝が床から浮いたときにズボンを引き付ける。
4　袋取りを作ることができる。

❌ NGムーブ ▶▶▶ 握る向きと場所に注意

手の甲が横を向いていると指一本ずつに負荷がかかり切られやすい。

腿部分を取ると腕が伸びるし、強い力をかけられて切られやすい。

❌ NGムーブ ▶▶▶ 膝の前をつかむと危険

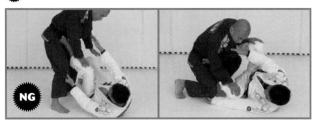

相手の膝の前部分はつかまないようにした方がよい。相手が膝を床についたときに床とはさまれて怪我をする危険性がある

引き込み編
5章　道衣のつかみ方

増補 ガードからの崩し　クローズドガードからの崩し①

▶パターン1　頭をひっつかむ

1 相手の片袖を片襟を引っ張っても相手を崩すことは難しい。

2 左手を相手の後頭部に当てる。必要があれば片肘を床について距離をかせぐ。

3 左手で相手にぶら下がりつつ、両手を相手の後ろ頭（後頭隆起）に引っ掛ける。

4 頭をつかんで相手の首関節を曲げ、頭を下げさせるとガードを割られなくなる。

❌ **NGムーブ ▶▶▶ 取り敢えず片袖方襟はダメ**
「教えられたからとりあえず」「十字絞めをしたいから」は実戦ではファンタジー。

▶パターン2　ベースの腕を無効化する

足を振り上げるだけでなく、全身の力を使う（ジャックナイフ腹筋）。

1 相手の頭を下げれないのは、そもそも相手が腕を突っ張っているから。

2 左手を相手の右腕の下から入れて、自分の右手首を掴む。これでセット完了。

3 両腕の力で相手の右手を切る。これで相手は不安定な状態になる。

4 右手で相手の右腕を流しながら両足の力で相手を崩してやっと攻められる。

▶パターン3　ベースの腕が効かない方向から起きる

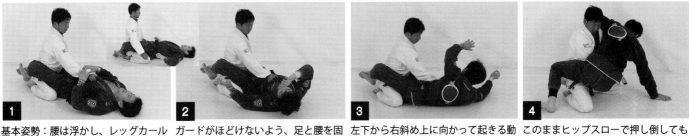

1 基本姿勢：腰は浮かし、レッグカールの力で相手を引き寄せる。

2 ガードがほどけないよう、足と腰を固定したまま上半身を左右に振る。

3 左下から右斜め上に向かって起きる動きは、相手の右手では止めづらい。

4 このままヒップスローで押し倒してもいいし、ギロチンをかけてもいい。

5 1のように相手の頭をひっつかむ方法の補助としても有効。

6 相手に応じて、少しづつでも相手を崩せる手段を増やすのが上達。

❌ **NGムーブ ▶▶▶ 胴体の挟み方に注意！**
腰が床につくと腰が離れてしまう足を伸ばして左右から相手の胴体を挟むと、相手のアバラに負担がかえって危険。

引き込み編
5章 道衣のつかみ方

増補 ガードからの崩し

クローズドガードからの展開②

▶パターン1　自分の力が強い場合

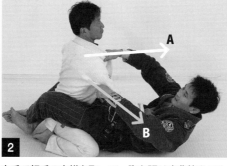

1. 相手の力が強い場合は難しいが、自分の力をより有効に使う方法を紹介する。
2. 右手で相手の右襟を取って、胸を張り広背筋をフルに使って前方へ引き出す（A）。決してBの方向には引かない。
3. 左手は相手の右脇下を取り、右腕と同じように相手を前に引き出す。

▶パターン1　自分の力が強い場合（別角度）

❌ NGムーブ ▶▶▶
脇を締めて引き付けない

1. 右手は相手の奥襟を取らない。ここでは頭を下げさせる必要はないから。
2. 左手は相手の右脇下を取って横に開くので、相手の右脇が開く力がかかる。
3. 同時に足の力を使って相手を前に引き出す。相手の頭が下がるのは結果。

つまづいた人間は結果として転ぶ。腕と脚で相手を自分の股につまづかせる感じ。上段2のBがNG例。

▶パターン2　コンビネーションを使う

1. 相手が防御として肘を落としてくることが多い。
2. その場合は相手の頭が下がるので、
3. 「ありがとう」と言って、相手の行動部に手をかけ、
4. ひっつかむ。

> 引き込み編
> 5章 道衣のつかみ方

| 増補 ガードからの崩し | スパイダーガードからの崩し |

90°以上回転して、相手を前方に崩す

1 スパイダーガードから。相手を後方に押すだけだと対応されやすい。

2 右足甲で相手の右腰を蹴り放って回転を始め、その右足を伸ばして、

3 振り回すことで、自分の身体を90°以上回転させる。右腕も補助として使う。

4 相手を前方に崩せる角度を作ったら、再度右股関節を曲げて、

5 右膝を相手の腹の下に入れて、右スネで相手の体重を支える。

6 両手両足の力を協調させて、相手を右肩から丁寧に転がす。

7 相手が真っ逆さまになっているのは、右腕で相手の左膝を持ち上げているから。

8 相手が転がり始めたら、起きる準備にも入るとスムーズに上になれる。

✕ NGムーブ ▶▶▶ 足の方向と抱え込みに注意

スパイダーの足を天井に伸ばさないと、自分が回る空間を用意できない。

右腕で相手の左腿を抱えると返しづらい。相手のズボンをつかんで力をかけるようにする。

別角度

1 左足で相手を釣り上げる。右手は相手の左膝の外側をつかんでいる。

2 釣り上げた相手の右肘に自分の腰を近づけるようにして、自分の腰を浮かす。

3 右腕を伸ばして回すことで、自分の頭が相手の両膝の相手に入れやすくなる。

4 ヨガの「鋤のポーズ」ができる柔軟性がないと無理な動きだが、できると技の幅が飛躍的に広がる。

引き込み編
5章　道衣のつかみ方

増補 ガードからの崩し　**ラッソーガードからの崩し**

両膝を取ってコントロールする

1 回り込んでスイープをする時のコツを説明する。スパイダーガードでも同じ。

2 相手の左膝をつかんだ右腕を伸ばしていることに注目して欲しい。

3 伸ばした右腕をバンザイの方向に動かす力の反作用で自分の身体を回転させる。お互いの腰と腰は離れている。

4 腰を離して回転させた後に、腰を下ろすことで相手を前方に崩す。慣れるまでは❸と❹の行程を厳密に分ける。

5 身体を近づけてかけるスイープもあるが、この返しはお互いの身体の間に空間が必要。

6 ここでも右腕を伸ばしていることで、お互いの身体が球の外枠を作っている。

7 相手が真っ逆さまになるように両手両足を使う。

8 お互いの身体の間の空間をキープして、二人の身体で作る球が潰れないように。

別角度

1 ラッソーでスイープをした後は、ラッソーを外してから起きる。

2 起きる前に左手離して床につく。相手の右腕は動かないので急がない。

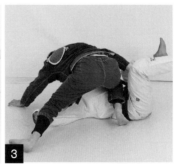
3 左手と右足で腰を浮かせて左足を伸ばせばラッソーは外れる。

❌ NGムーブ ▶▶▶ 筋肉潰しに注意！

ラッソーをかけたまま起きると、筋肉潰しになって危険。紫帯以下では反則であるし、前腕が骨折する危険があるので充分に注意すること。

❌ NGムーブ ▶▶▶ 相手を崩すために、腰が離れていることが必要

相手に近づくと回転しやすいかもしれないが、相手を前にあおることができずスイープはできない。上段では❸ヨーイングしてセッティング→❹チルトの力で相手を崩す→❺スイープの工程になっている。

引き込み編
5章 道衣のつかみ方

増補 ガードからの崩し

襟を取ったデラヒーバガードからの崩し

順方向への崩しとコンビネーション

1 腰を浮かして、右手と右足と左肩で体重を支えた状態から、

2 腰を床につかないまま右手と右足で体重を支え、右肩を床に向けると、

3 相手のバランスが崩れる。ここで起きてタックルで倒してもよい。

4 相手が手で身体を支えて、バランスを戻そうとこちらに体重をかけてきたら、

5 その動きをありがたくいただいて、外回転をして倒す。相手の右襟を取っている自分の右拳を重くして床につけようとすると、相手の右肩は床につきやすい。

6

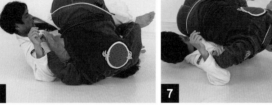

7 ベリンボロでバックをとったり、後転で上になってスイープする。

8 どうしてもベリンボロをやりたい人は7から右肩前転をするといける。

別角度

1 襟を取ったデラヒーバガードを作れたら、すぐに順方向への崩しをかける。

2 デラヒーバガードは常にプレッシャーをかけていないと、外されやすい。

3 右腕は曲げず、伸ばしたまま体重をかけて相手を前に送る。

順方向に崩すときは、自分の上半身をガチガチに固めた鉄板のようにして一気に向きを変える。

❌ NGムーブ ▶▶▶ プレッシャーがなくなるとガードを壊される

デラヒーバガードはお互いに自由度が高い。崩せる手段は常に存在して、それに気がつかない側がやられる。試合動画などを参考にして各ポジションでの崩し方を見抜くことが上達。

引き込み編
5章　道衣のつかみ方

増補 ガードからの崩し

袖を取ったデラヒーバガードからの崩し

両膝を取ってコントロールする

1 袖を取ったデラヒーバでは、袖を引いても相手の頭は下がらない。

2 頭をあげて直立した相手の周りを回ってバックを狙う。

3 右足と左肩だけに体重をかけて、伸ばした左足を大きく振り上げる。

4 左足を振り下ろして、左爪先を相手の奥足（左腿）にかける。

5 p103のジャックナイフ腹筋の動きを使って相手の背面に近づく。

6 足回しの動きで右爪先を相手の右膝裏に入れると相手は向き直れなくなる。

7 相手のズボンや帯を手でつかみ、両足は押して相手の動きを止める。

8 両足で相手の足を浮かせながら、両腕で相手の腰を引き寄せる。

9 相手の頭が右にある場合、右手を首から、左手を脇から入れたタスキを取る。

10 右肘を相手の胸の前に置くとタスキが弱くなるので、肘は背中側に。

別角度

体重を左肩と右足だけにかけて身体を反らしながら横を向くと左足がスムーズに相手の奥足に届く。

✕ NGムーブ ▶▶▶ 身体を真上に向けたままにしない

自分の身体が真上を向いたままでは、左足が相手の奥足に届かない。

袖を取った場合は奥足へデラヒーバフックを、襟を取った場合は前足にフックをかけることが多い

左足は左股関節から伸びているので、左爪先の位置をコントロールするには左股関節の位置を考えることが必要。

引き込み編
5章 道衣のつかみ方

増補 ガードからの崩し

クォーターガードからの崩し

▶パターン1　潜り

1 クオーターから相手の圧力が強ければ潜る。

2 右手と左足で体重を支えて、腰を相手の足元に近づける。

3 右手で相手の左足をすくいながら、相手の足の間に身体を入れる。

4 両手足を使って相手の両足をコントロール。

5 一見攻められそうだが、こちらが有利なポジション。

▶パターン1　別角度

1 前傾してタックルを匂わすと相手は押し返してくる。

2 相手が前に出てくるのに合わせて潜る。

3 右腕の力を使って、右尻を中心に転がる。

4 右スネで相手の左膝裏を押し上げて、相手の右足を前に出す。

5 左を向けば向くほど自分の身体が相手の股に入る。

6 右足を回して、爪先を相手の右膝近くから入れる。

7 右爪先を相手の右ソケイ部に当ててXガード完成。

▶パターン2　タックル

1 相手の体重が後ろにかかっていたら、タックルで倒す。

2 右足スネを床にこするようにして右足を引くのがコツ。

3 右足裏を床に向けて、右足を引くとつっかえるので注意。

4 前後のコンビネーションを身につけると実戦で効果的。

僭越ながら大賀からのアドバイス

OGA'S ADVICE

柔術、寝技、初心者の方に多い悩みにお答えします

柔術が流行る理由とこれからの展望

1999年から柔術を始めて25年経ちました。ねわざワールドのグループもおかげさまで増えたので、都会にも地方にもおじゃまして、柔術団体を主催している方々と本音レベルで情報交換できる、というありがたい経験も積み重ねています。現在、柔術人口は着実に増えているというのが僕の感想です。ちょうど10年前の2014年にWEBの記事で「柔術で飯は食えるのか？」というインタビュー（QR参照）を受けたことがあり、その時答えたことはほぼ間違っていなかったと思います。

人口減の社会で、愛好者が増えるというのは本当に驚異的です。自分の関係していることを流行らせたい人はごまんといます。スポーツに限らず習い事や商品などでも。マスメディアに広告を出すことなくそれを実現させているのは柔術そのものに魅力があるから、としか言えません。この事実を理解できなかったり、認めたくない種類の人はたくさんいます。柔道関係者から「柔術は流行っていていいね、柔道も流行らせたいんだけどどうしたらいいのかな？」と言われることがあります。僕の答えは「すみませんけど、競技の魅力として、柔術の方が桁違いに上なので、無理だと思います」です。ただ、僕にこういうことを訊いてくる人はもともと柔道が大好きな人なので、僕の言葉には全く納得してくれません。「なんだこいつ、投げ技ができなくて、しょうがなくネチネチした寝技やってるくせに、なにを偉そうなことを言ってるんだ。寝技なんかオマケなんだよ。身の程を知ってろ」と顔に書いてあります。25年前はこのプレッシャーは今と比べるととても大きなものでした。あと25年もしたら、逆になることはないでしょうが、もっと薄れてくることでしょう。

何を言いたいかというと、柔道だけでなく、もともと格闘技をやっていた人から見たら、寝技はおまけでネチネチして、打撃や投技と比べたら魅力が少なく地味なもので、わざわざやるべきものではないのだそうです。そして我々のように格闘技業界に足を突っ込んだ者の耳に届く声はそういうものが多いのです。これが不要なバイアスになってしまうケースが多いと思います。

なぜ柔術が流行っているのでしょうか？　流行るということは、やる人が増えているということです。では、どういう人が柔術を始めることが多いのでしょうか？　僕の考えでは「運動をしたい、そして格闘技をやったことがないけどちょっと興味のある、30～50歳くらいの方」です。僕は日本しか知らないので、日本に限って、のことですが。

そもそも、35歳を過ぎてある程度強度の高い運動をしたい、という人が選べる種目は現在「ランニング」「筋トレ」「柔術」くらいではないでしょうか？　正直、これが柔術が流行っている理由の最も大きなものだと僕は思っています。「運動をしたい」という意志を持つ社会人の選択の一つに柔術が入る、ということです。他の競技はこの選択肢に入ることすら難しいのです。これはとてつもなく大きなことです（あとは競技の向き不向きになりますが）。

このように、一般の人に敷居の低い習い事になった、というのは近年の「芸能人の方々も習っていたり、国際大会に出場したりする」というニュースの効果は非常に大きいです。これには業界の人間としていくら感謝しても足りません。本当にありがたいことです。

このような理由で柔術が流行っていると仮説をたててみました。これが正しければ、特にバックグラウンドのない人が、それぞれの柔術の「面白さ」を満足させるためにこの世界に入ってくるので、柔術業界や道場の中でも価値観がこれからさらに多様化していくことでしょう。それは、格闘技としての柔術というよりも、スポーツやフィットネスやたしなみとしての柔術ということです。ランニングや筋トレ業界は歴史が長いので、トップアスリートと市民ランナーが、ボディビル選手権に出る人とフィットネス感覚の人が、お互いに比較をすることはなさそうな気がします。しかし、柔術ではどうでしょうか？　価値観が違うのにどちらかが自分のものを押し付けてしまうと、怪我や人間関係の問題がでるかもしれません。まだまだ「柔術とはかくあるべき」というイデオロギーが強い人も多いです、というより自分がそういうものを持っていることにすら気づいていない人の方が多い気もします。僕もその一人かもしれません。

これからの柔術業界のますますの発展のため、またより多くの愛好者が安全に各人が大事にしている価値観の追求をしてくため、多くの価値観をこの業界の人々が受け入れるようになることを祈っています。

新装改訂版

頭とカラダで考える

大賀幹夫の

寝技の学校

THE SCHOOL OF NEWAZA

▶ 抑え込み編

動画 ALL

CONTENTS

1章 パスガードの基本 — 115

- パスガードの際の基本姿勢 — 117
- 膝と腰を押さえるパスガード〜左手の使い方 — 118
- 膝と腰を押さえるパスガード〜右手の使い方 — 119
- 尻上げバービー — 120
- 相手に寄りかかるパスガード — 121
- 相手に寄りかかるパスガード — 122
- くっつきパスガード — 123
- シッティングガードへのパスガード — 124
- 相手につかまれている場合のパスガード — 125
- 上半身を制されているときの対応 1 — 126
- 上半身を制されているときの対応 2 — 127
- 上半身を制されているときの対応 3 — 128
- 上半身を制されているときの対応 4 — 129
- 下半身を制されているときの対応 — 130
- 上半身も下半身も制されているときの対応 1 — 131
- 上半身も下半身も制されているときの対応 2 — 132
- 豆知識 上からズボンをつかむ — 133

2章 パスガードの応用・攻防 — 135

- パスガードのプロセス — 136
- 抑え込み際を制する方法 — 137

＜腰を制する＞
- 横四方固めから崩れ袈裟固めに変化 — 138
- 腰で腰を制して抑える — 139
- 相手が入れてきた膝をどかす方法 — 140
- 腰を制するポイント 1 — 141
- 腰を制するポイント 2 — 142
- 豆知識 首と腰を制されたときの逃げ方 — 143
- 豆知識 肩と腰を制されたときの逃げ方 — 144
- 豆知識 崩袈裟固めからの逃げ方 1 — 145
- 豆知識 崩袈裟固めからの逃げ方 2 — 146

＜上半身を制する＞
- 相手の防御を破って抑え込む方法例 — 147
- 肩を乗せてから抑え込む方法 1 — 148
- 肩を乗せてから抑え込む方法 2 — 149

＜抑え込みからの展開＞
- エビをしてきたらマウントへ — 150
- ニーオンザベリーへの変化例 1 — 151
- ニーオンザベリーへの変化例 2 — 152
- ニーオンザベリーの形 — 153

- ニーオンザベリーからの変化例 — 154
- 頭をまたぐ方法 — 155
- 足を回してきたときの対応 1 — 156
- 足を回してきたときの対応 2 — 157
- 豆知識 五角形フレームの応用 — 158
- 相手の腕をとって制する展開 — 159
- 遠い手を取って制する方法 — 160
- 近い手を取って制する方法 1 — 161
- 近い手を取って制する方法 2 — 162
- 近い手を取って制する方法 3 — 163
- 腕を縛ってからの攻撃 1 — 164
- 腕を縛ってからの攻撃 2 — 165
- 腕を縛ってからの攻撃 3 — 166

- 片手束ねパスガード 1 — 167
- 片手束ねパスガード 2 — 168
- かつぎパスガードのポイント 1 — 169
- かつぎパスガードのポイント 2 — 170
- かつぎパスガードのポイント 3 — 171

3章 ハーフガードの攻防　173

ハーフガードとは	174
ハーフガードに対して足を抜くプロセス	175
ハーフガードに対して足を抜くコツ	176

＜上半身の固め方＞

上半身の固め方	177
首の固め方1	178
首の固め方2	179
脇のはぐり方	180
腕のしばり方	181
二重絡みの防ぎ方	182
二重絡みへの対処1	183
二重絡みへの対処2	184

＜足を抜き切る方法＞

膝まで抜く方法	185
膝を乗せた後のブリッジの対応	186
足首まで抜く方法	187
爪先まで抜ききる方法	188
マウントに抜く方法1	189
マウントに抜く方法2	190
腰を切る方法1	191
腰を切る方法2	192
腰を開く方法1	193
腰を開く方法2	194

＜ハーフガードからの反撃・防御＞

ハーフガードからの反撃・防御について	195
フックを引っ掛けてスイープへ	196
フックを引っ掛けてガードに戻す	197
ハーフガードで腕をとれたら	198
ディープハーフガードへの変化1	199
ディープハーフガードへの変化2	200
ディープハーフガードからのスイープ1	201
ディープハーフガードからのスイープ2	202

4章 抑え込みの方法　203

上四方固	204
変形崩上四方固	205
変形崩れ袈裟固1	206
変形崩れ袈裟固2	207
横四方固1	208
横四方固2	209
横四方固3	210
横四方固4	211
豆知識 鉄砲返し	212
★マクロに相手を転がす（ローリング）	213
豆知識 相手の身体全体の向きをコントロールする	213
★マクロに相手を回す（ヨーイング）	214
★マクロに相手をかつぐ（チルト）	215
★起きている相手を後ろに倒す	216
★相手を引き上げてかけるクロスニー	217
★相手に正面を向けない	218
★パスガードは腿で止める	219
★高度を下げ相手のエビを利用する	220
★実戦でのコンビネーション例	221
★胸を合わせた抑え込みの適用範囲と限界	222
★パスしたければ下がる！	223

COLUMN

僭越ながら大賀からのアドバイス①	114
僭越ながら大賀からのアドバイス②	134
僭越ながら大賀からのアドバイス③	172

※海賊版動画は巻末（P223）にあります　　★は新装改訂版に際し、新しく加わった要素です

| 僭越ながら大賀からのアドバイス |

OGA'S ADVICE

柔術、寝技、初心者の方に多い悩みにお答えします

認識力を上げること

体格が変わらないのにどうしてもかなわない人がいます。仮にＡさんと呼びます。何故かなわないのかというと、Ａさんには自分に見えていない何かが見えているのです。別の言葉に言い換えれば、「チェックポイントが違う」と言ってもいいでしょう。

たとえば旅行の持ち物チェックリスト。これが完璧であればあるほどトラブルが減ります。それと一緒でＡさんは乱取り時のチェックポイントが質量ともに優れているのです。相手を制するという目的を信頼性高く実現するには、より本質に近いポイントを満足させる必要があります。

本質とは概念です。概念は目に見えづらいので厄介です。上位に行くほどさらに判別しづらくなります。「こう来たらこのカウンター技でやっつける」というように形が目に見えたら理解しやすいし、防ぐのも簡単です。防げないのは簡単には目に見えず理解もできないからです。

詰め将棋を例にとります。一手先で詰むポジションにされたら誰でもまずいとわかります。しかし、十手先で詰まされるポジションになってもそれに気がつかなかったら、勝つことのない詰め将棋を始められてしまいます。
「こうされたらどう防ぐんですか？」
「そもそもそうされたら駄目なんだよ」
「そんなこと言われても……」。
よくある会話です。相手に詰め将棋を始められて途中で気づいても勝てるはずがありません。多くの人は、詰め将棋を始められてからでも「頑張れば」なんとかなると思っていますが、それは**絶対的に大間違い**です。相手が気づかないうちに自分の詰め将棋を始めなければなりません。

もちろん、乱取りは楽しくやりたいから相手の土俵で詰め将棋をされてもかまわないという方はそれでもいいでしょう。ただし、自分が相手の詰め将棋の中でプレイしているということは認識しておいた方がいいと思います。

相手の詰め将棋にならない方法は「常に組み勝つ」ことです。自分と相手のどちらの動きがより制限されているか毎瞬確認します。柔道などでは組み負けるとすぐに勝負がつきますが、寝技は組み負けてから勝負がつくまでの時間が長いので、自分の何が悪かったのかがわかりづらい。しかし実際は、組み負けたらそれ以降の時間は全部負けです。とにかく始めに組み勝つこと。もし組み負けたら互角に戻して組み勝つ、もし組み負けたまま攻防が始まったら、なんとかしてその位置から逃げてしまうことです。

組み勝つためにはその技術も必要ですが、基礎として自分の感度を鋭敏にすることが求められます。例えば自転車に乗れる方は、乗れなかった頃を想像すると、乗れないときにはなかったが乗れるようになってからは当たり前のように存在するある感覚に気づくかもしれません。試しに、自転車に乗ってその感覚を遮断してみましょう。必死でハンドルにしがみついてもあっという間にバランスを失う体験ができるかもしれません。物事を身体で覚えるというのはこのように、今まで気がつかなかった感覚を感じる感度が必要になります。

上手くいかないことは、同じことを何度やっても、どんなに力を入れても上手くいきません。自分が何かに気づいていないということにまず気づくことが必要です。深呼吸をしてまずどこに自分が注意を向けているかを観察します。そして回りすべてを見回します、自分の身体の外はもちろん、身体すべての部位もです。そうすると、自分が注意を向けていなかった箇所を発見するので、そこに注意を向けてみます。効果があれば動きは変わります。上手くいくと、何で今までこれに気づかなかったのかと不思議になります。その感覚は青い鳥のようにすぐ近くにいて、何で気がついてくれないのか不思議がっています。

補足しますが、本文では組み勝つとは「自分より相手の方が動きを制限されている」状態を指します。つかんでいる場所だけでなく、お互いの身体の間合いや角度や位置関係も影響します。場合によっては、こちらが相手をつかみ、相手がつかんでいないのに組み負けているということもあります。次の瞬間良いところをとられて技をかけられてしまうときなどがそうです。

▶抑え込み編
THE SCHOOL OF NEWAZA

1章

パスガードの基本

相手の足を越えて、完全に相手を制するまでのプロセスを「パスガード」と呼ぶが、
本章では主にそのファーストコンタクト＝足を越えるプロセスについて解説する。
想定される状況は主に、双方がどこもつかんでいない状態、相手がこちらの上半身をつかんでいる状態、
相手がこちらの下半身をつかんでいる状態、上半身も下半身もつかんでいる状態──の４つだ。
それぞれ、状況に応じていかに足をさばいていくかについて理論的に解説していく。

> 抑え込み編
>> 1章　パスガードの基本

パスガードの方法～～相手につかまれていない場合

この章ではパスガードの基本を紹介する。初心者同士であれば、上の選手が下の選手の足をどかすことができればパスしたも同然なので、ここでは主に足のどかしかたを説明していく。

A 相手が背中をつけている場合

膝と腰を抑えるパスガード

くっつきパスガード

B 相手が身体を起している場合

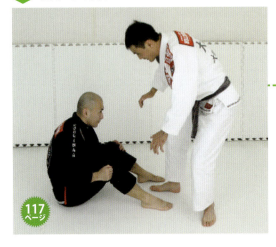

足をつかんで背中をつけさせる

襟と膝をつかんで背中をつけさせる

抑え込み編
1章　パスガードの基本

パスガードの際の基本姿勢

❗ 技のポイント ▶▶▶ **足が届かないところですぐにバーピーできる体勢をとる**

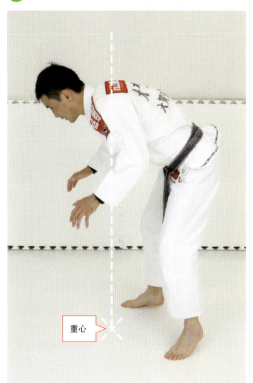

重心

相手の腰を中心とした弧

お互いにどこもつかんでいない場合、上は両踵を少し浮かせ、前につんのめっている体勢を作る。自分の身体が相手の腰を中心として弧を描いたような形に。このように相手の足が届くか届かないかの間合いにいれば、相手の足はこちらの身体のどの場所にも当たらない。相手が腰に足を当てようとして無理に足を伸ばしてきたり、何かスキを見せてきたら、素早くP.120の"尻上げバーピー"を行い、相手の足や腰に体重をかけてパスガードをする。

❌ NGムーブ ▶▶▶ **棒立ちだと足が当たる**

棒立ちになっていると、手が相手の足に届かないのに相手の足がこちらの足に当たってしまうし、棒立ちだと素早くバーピーを行なうことができない。

❌ NGムーブ ▶▶▶ **遠過ぎると攻めることができない**

これだけ離れていれば相手の足が当たることはないが、角度が悪いので手で体重をかけて相手の足を制することができないし、遠いので相手の身体を制することもできない。

117

> 抑え込み編

1章 パスガードの基本

腰を押さえるパスガード〜左手の使い方

ここからは右手で腰を左手で膝を制するパスガードを解説する。

❗ 技のポイント ▶▶▶ 相手の左足に適切な方向に力をかけてどかす

1 序盤。相手の右足をどかすため、左手で床方向に体重をかける。

2 足を越えたら矢印方向に押し込む。力の方向を変える事が大事。

3 力の方向を変えたことで、相手の右足を十分遠ざけれている。

4 間合いが近いので、相手の腹に膝を乗せる。詳細はP151参照。

❗ 技のポイント ▶▶▶ 間合いが遠い場合は胸と胸を合わせて抑える

1 間合いが先ほどと違って遠いと右膝が届かないので胸を合わせる。

2 左手で相手の右足を十分遠くに遠ざける。左肘は伸ばす。(まず頭をつける)

3 右膝を相手の右腰に当てると同時に、左手を右足から離す。(P120の尻上げバービーの形)

4 左手で相手の首をすくって抑え込む。(上半身をすべらせて胸をつける)

❗ 技のポイント ▶▶▶ 手はL字形にして力をかける方向を変えるように

手でL字を作り相手の膝を真上から押す。そのまま押す位置を矢印A方向にスライドさせればスムーズに相手の足を遠ざけられる。相手の足を押すときは必ずしも道衣をつかむ必要は無い。理由としては、①時間がかかる、②力をかける方向を変えづらい——ということがあげられる。

❗ 技のポイント ▶▶▶ 足を超える前後で左手の使い方が変わる理由

NG 右足を床方向に押さないと、回り込んでも相手の足が身体に当たる。

(越えていない / 越えた)

そもそも何のために相手の足を床に近づけるのかといえば、足を越えるため。足を越えるとは相手の腰と右膝を結んだ線を、こちらの両足が超えること。足を越えたら次は相手の腰を制する工程に入るが、そのときはもう相手の足を床方向に押し付け続ける必要はない。戻ってこないようにすればよい。それには体重は不要だから体重は右手に移すこと。

118

抑え込み編

1章 パスガードの基本

腰を押さえるパスガード〜右手の使い方

❗ 技のポイント ▶▶▶ 右手で相手の腰を殺してパスガード

1

お互いにどこもつかんでいない状態。上は前傾姿勢をとり、パスガードの準備をする。

2

上は半歩左に移動する。この角度であれば右手を相手の左腰に当てることができる。

3

機を見て尻上げバーピーを始める。自由落下しながら左手が相手の右膝に当たるようにする。

4　左手が重い

自由落下を続ける。左手は相手の右膝に、右手は相手の左腰に当っている。

5

右手は袋取りと同じく手の甲と指をつなぐ関節は曲げない。手の平と指の付け根で腰を制する。

6

足を超えたら左腕で相手の右足を押す方向を、床方向から相手の左足方向に変えて右手を重くする

7　右手が重い

相手の両足を越え、腰を制することができた。相手に膝を乗せてもいいし肩を乗せてもいい。

8

相手との角度と間合いや、相手の対応から判断して、肩を相手に乗せて抑え込んだ。

❗ 技のポイント ▶▶▶ 相手を天井に向かせる

相手に寄りかかる

右手で相手の腰に強く圧力をかけるために、左足で床を押す力を右手に伝えるようにする。左足を適切な位置まで遠ざけることで相手の足が当たらなくなり右手も重くなる。

❌ NGムーブ ▶▶▶ 横を向かれるとエビができる

NG

右手が重くなっていないと相手が横を向くことができてしまうし、エビをして、間合いを作って逃げられることになってしまう。相手を真上に向かせておくことはエビを防ぐ上で重要なポイントの一つ。

❗ 技のポイント ▶▶▶ 肘を開いて足を使わせない

相手を真上に向かせてエビを防いでも、足を回して抵抗してくることがある。こうした場合は右肘を張る——言い換えると右手の真上に右肘が位置するようにすることで、相手が回してきた左足をこちらの右肘や右前腕で止めることができる。頭を右肘に近づけるとより確実に。

❌ NGムーブ ▶▶▶ 正面にいると入っていけない

NG

真正面からでは右手を相手の左腰に当てることができない。自分の右肩と相手の左腰を結んだ線で考えてみるといい。この写真のように真正面だと相手の左足に当たってしまうが、半歩右にずれた位置であれば（写真2）相手の左足に当たらないことがわかる。

119

> 抑え込み編
> ▶ 1章　パスガードの基本

尻上げバーピー

パスガードをする際、瞬間的に足を後方に伸ばして手を床につく動き、"尻上げバーピー"を解説する。

動きを覚えるために、まずはその場でやってみる

通常のバーピーは下腹を床につけて頭を天井に向けるが、ここではパスガードに使う動きを尻上げバーピーと呼ぶ。足を遠ざけながら手を床につき、最後は頭と爪先を床について尻を上げた形。背中は丸めずに伸ばす。爪先で床を蹴る力や体重を利用して相手に圧力をかけることができる。

実戦で使う相手の足をさばいて肩で体重をかける動き

回りながら尻上げバーピーを行う。手をつきながら横に回るように飛ぶ。頭と爪先をつくのは同時。着地したら両腕を右方向に伸ばす。パスに慣れていない人は頭を下げるのが苦手。「頭を下げるな」と言われるからだと思うが、頭を下げて行うパスは多い。組み負けているときにバランスを崩すと攻められるが、組み勝っているときは自らバランスを崩してこの形を作ると相手の足を一瞬でさばけるし、体重をかけて攻めることもできる。是非理解して欲しい。

この形はパスの基礎と言える非常に大事な形。この形をキープできれば落ちついてチャンスや相手のミスを見つけて攻められる。ただし、慣れるまではなかなか難しい。動画でも解説しているが、バランスをとりながら腕と足の力を使い、自分の体重を肩に集中させて相手の苦しいところに乗せる。大賀は、不要な力は抜きながらも身体を締めることが必要なのではないかと思っている。例えば、広げた紙では物を押すことはできないが、丸めて筒状にすると押すことができる。同じように、関節がゆるいと途中で少しづつ力がぼやけてしまうが、関節を固めるとかけた力がすべて伝わる気がする。色々試してみてほしい。

抑え込み編

1章　パスガードの基本

膝に寄りかかるパスガード1

膝に寄りかかるバランスを学ぶドリル

1
相手に膝を立ててもらい、膝に手を当てる。受け手は手を踏まれないように胸の上に置く。

2
相手の膝を押すようにして自分の足を遠ざける。受け手は足腰に力を入れてふらつかないように。

3
足をできる限り相手から遠ざけたまま、継ぎ足で相手の回りを回る。背中は丸めずに伸ばす。

4
相手の頭のほうまで回りこむ。足を遠ざけ、相手の頭を蹴らないように注意する。

5
両手両足でバランスをとり続け、逆サイドまで回る。膝を押さえる手の位置は少しづつずらす。

6
膝に体重をかけることで相手は足を動かせなくなり、自分は遠くを早く回れることを理解して実践してほしい。

受け手は、両足を開き膝と膝を強く合わせて三角形を作ると相手のプレッシャーに耐えやすい。

NG
相手の膝に体重をかけないと、足を遠ざけられない上、スピードも出ない。

技のポイント ▶▶▶ 継ぎ足での回り方

1

2

3

左に回る場合、①左足を重くし、右足を浮かせて左足近くに引き寄せる。②右足を寄せたら右足を重くし、左足を浮かせて広げる。③左足を広げたら再び右足を引き寄せる。速さが必要な場合は②の時点で足を交差させたりする。

技のポイント ▶▶▶ 頭まで回ったら抑えられる

1

2

3

実戦で相手の頭まで回ったとき、両手で相手の足を制していれば、そのまま相手の頭の横に両膝を、腰の横に両肘をついて抑え込める。相手が腕を伸ばして胸と胸が合うことを防いでできたら、2章の方法を使う。

技のポイント ▶▶▶ 相手の膝が倒れたらそのまま抑え込む

1

2

実戦で相手の真横まで回ったとき、足で床を強く踏みしめる力を手に伝えると相手の膝を横に倒すことができる。はじめは、自分の身体がバランスを崩すほど床を強く蹴っていい。自分がバランスをとっているといつまでたっても相手を抑えることができない。

121

> 抑え込み編
> ▶ 1章　パスガードの基本

膝に寄りかかるパスガード 2

⚠ 技のポイント ▶▶▶ 相手に自分のバランスをとらせる

パスをするときに自分の足でバランスをとってしまうと、相手にかかる力は自分の腕の力だけになってしまう。いいパスガードとは自分が相手に寄りかかり、相手と自分とでバランスをとっているものだ。こうなると、自然と自分の体重が相手にかかっているので相手が苦しくなるし、また、自分の足も軽くなり、相手に体重をかけている部分を中心とした回転運動が楽にできるようになる。

いいパスであればあるほど、もし突然相手がいなくなったらバランスを失って転がってしまう。もしそうならないのであれば、相手にプレッシャーがかかっていないということ。これは写真や動画を見てもわかりづらい。かかっていても見えない力はなかなか感知ができない。「見えない」というのは「バランスがとれていて動かない」ということだ（「抑え込み編」のP122のコラムで、「またの機会に書きます」と書いたのはこのこと）。

この頁では相手に寄り掛かるパスガードについて実戦での動きを紹介する。相手に寄りかかってバランスをとるのは始めのうちは不安なものだが、慣れればこんなに楽しいことはない。上手い人のパスほど上の選手は楽そうで、下の選手は辛そうに見える。ぜひ工夫を重ねてこのコツを身につけてほしい。

▶ パターン1　相手が倒れたらそのまま抑え込む

1 相手が右足を回してきた場合、左手を相手の右膝に当てる。

2 左手と右足に体重をかけるようにすると、自然と左手が重くなり相手の足をどかすことができる。

3 左足を重くしていると、自分の足で自分の体重を支えることになり、相手の上に倒れこめない。

4 意識的に自分のバランスを崩して、相手に自分の体重を支えさせることがパスガードの要点の一つ。

▶ パターン2　相手がかけてくる足に寄りかかりながら回る

1 上の写真1と同じ。前につんのめる体勢でないと、手で相手の足に体重をかけれないので注意。

2 相手の足の力が強くてどかない。体重をかけてバランスをとったまま相手の足が届かない角度に回る。

3 回り続ける。この写真で相手もしいなかったら上は倒れてしまうことに注目。相手に支えさせている。

4 相手の足が届かない角度まで回ったら、バランスを崩して倒れこむようにして相手を抑え込む。

122

抑え込み編
1章　パスガードの基本

くっつきパスガード

相手の両足をしっかりつかんだらパスガードは楽になる

1 相手が両足をこちらに向けていて、上が相手の両膝を強くつかむことができた場合——

2 相手の足をどかすことは容易だ。上はバランスを崩して相手の足に体重を支えてもらっている。

相手に寄りかかっている
3 相手の足が届かない遠くを回る。遠くを回ることで自分の腕をより重くすることができる。

4 足を完全にどかすことができたら抑え込みが可能になる。

相手の両足を持てないときは"くっつき"や"足と腰を制するパスガード"を使う

1 相手が角度を作り、右足を主に左足を補助に使って守ってくると、相手の両足をつかめない。

2 この場合、"くっつき"が有効。左手で相手の右膝を押さえ、尻上げバーピーを始めて右足を制す。

3 次に右腕で相手の左足付け根を抱え込むと、相手の両足を制した状態になる。

4 左足と左肩を重くすると右足を大きく回すことができる。これで相手の右足をほどく。

5 右足を大きく回して背面の床に着く。左肩が最大に重くなり相手の腰を完全に制している。

6 腰を開いたままでは後転スイープをされる危険があるので、すぐに腰を回して腹を下に向ける。

7 左手を伸ばして相手の首をとりにいく。必要があれば2章P148の手順も使う。

8 相手の首を制して、完全に相手を抑え込む。

❗ 技のポイント ▶▶▶ あごが腿(もも)にフィットするように

1

2

足腰の使い方が上手い相手だと、二段目の写真3で左腰を制することができなかったり、頭を両足で挟まれたりする。この場合、あごからのどにかけてのラインを相手の左腿付け根に密着させ足を制する。これは腰を制することに注力する形で、相手の上半身はやや自由になるので、2章 P149「肩を乗せてから抑え込む方法」の手順を使い相手の上半身に登ることが必要になる。また、更に足腰が利く相手には、×印をのどで制するとよい。

※「かみつき」(由来は"からみつき"から)は北海道大学柔道部用語。「くっつき」は京都大学柔道部用語。この二つは同じ技。

123

> 抑え込み編
> ▶ 1章　パスガードの基本

シッティングガードへのパスガード

▶ パターン1　相手が起きているときは寝かせてからパスガード

P123 一段目の方法で攻める

1. 相手が起きていると抑え込めない。相手の手足がぎりぎり届かない位置で機会をうかがう。
2. 機を見て、両膝を曲げてしゃがみながら人差し指を相手のアキレス腱付近に引っ掛ける。
3. 両膝を伸ばして立ち、足裏を天井に向けさせる。相手の足首をつかむときに親指を使わないように。
4. 足をどかして攻める。写真3の時点でどかすといい。尻が床についた後傾姿勢はパスしやすい。

▶ パターン2　襟と膝をつかんだ組み手から攻める

1. 足をつかみづらい場合、右手で相手の左襟か右襟をとる（この写真は左襟）。
2. 左手で相手の右膝の外側をつかむ。このパスは外側をつかんだ方が切られづらく制しやすい。
3. 右手で相手を押し、左手で相手を引くことで相手が倒れる。左足で床を踏む力を有効に使う。
4. P118 "腰と足を制するパスガード"と同じ要領で、右手を重くしてそこを中心に遠くを回る。

5. 相手の足をどかしたら、接近して相手の腰を制しにいく。左腕を伸ばすと相手の足は戻ってこない。
6. 右膝で相手を制する。左手はズボンを放し、相手の右袖に持ち変えて引き付ける。
7. ニーオンザベリーで抑える。相手が寝ている状態でもこの襟と膝をつかんだ組み手は有効。

▶ 応用テクニック　"腰と足を制するパス"と"襟と膝をつかんだパス"の違い

右手で相手の腰を押すか襟（上半身）を押すかが大きな違いだが、襟と膝をつかんだパスガードの方が初心者向きでやりやすい。ただし、下が弱いと襟（上半身）を押すと腰も死んでくれるが、下が上手いと襟を押し付けても腰が死なずパスガードできないことがある。こういう場合、右手で相手の腰を押して相手の腰の動きを止める必要があるが、相手の上半身を制していないので①相手の足腰を制して→②上半身を制するという手順を理解できていないと相手を完全に抑え込むことはできない。言い換えれば、相手が弱い場合であれば、襟と膝をつかんで足を越えれば、上半身も下半身も同時に制しているので②の手順が不要になる。

抑え込み編

1章　パスガードの基本

パスガードの方法〜相手につかまれている場合

相手にどこかをつかまれていれば自分の動きは制限されるが、それでも動かせる部分を有効に使うことでパスガードは可能だ。ここからは制されている状況に応じたパスガードの方法について解説する。

A 上半身を制されている場合

相手に上半身をつかまれていたとしても、下半身がある程度自由に動くのであれば下半身を遠ざけるなどの動きを有効に使ってパスガードする。

腰を制して足をはずす／腰を入れて片膝ベース

126ページ　／　128ページ

B 下半身を制されている

相手に下半身をつかまれていたとしても、上半身がある程度自由に動くのであれば上半身を近づけて体重をかけるなどの動きを有効に使ってパスをする。

腰を前に出す　→　足を横にさばく

130ページ　　130ページ

C 上半身と下半身を制されている場合

相手に上半身と下半身の両方をつかまれていたら、まず上下のどちらかを自由にしてから攻める。もしくは自分の腰から相手の足を外しさえすれば、そのまま攻めることができる。

まず襟を切る／まず足を切る／腰を入れて相手の足を外す

131ページ　　131ページ　　132ページ

↓　　　　　　↓
Aの展開に　　Bの展開に

125

> 抑え込み編
>
> 1章　パスガードの基本

上半身を制されているときの対応1

▶ パターン1　腰に当たっている足を下に潰す

1. 相手に上半身をつかまれている場合。組み負けて身体が動かないともちろん攻められない。

2. P124と同じく襟と膝をつかむ。右手で相手の左襟を押すことで相手の引き付けを防ぐ。

3. 下半身が自由なので両手を重くしながら自分の両足を遠ざける。頭を床に近づけ背中は反らす。

4. 両足を遠ざけることで相手の右足裏が外れた。遠くを回りこんで相手の足を越えにいく。

5. 左腕で相手の右足を自分の進行方向と逆方向に押す。その反作用の力も使って回り込む。

6. 足を越えたので、近づいて相手の腰を制する。腰を制する方法はその状況で適切なものを選ぶ。

7. 見づらいが、右前腕を相手の左腰、右膝を右腰に乗せて相手の腰の動きを止めている。

8. 完全に抑え込む。足を越えた後の相手の抑え方は、相手の対応や間合い、角度によって変わる。

▶ パターン2　腰に当たっている足をまたぐように越える

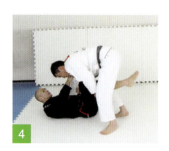

1. 相手の引付が強く、両手で突っ張っても、バランスよく足を遠ざけることができない。

2. 発想を変え左足裏を天井に近づける。この動きでも左股関節の角度を大きくすることができる。

3. 左股関節の角度が大きくなると相手の右足裏の密着が弱まる。左腕を重くしていれば足裏は外れる。

4. 左足を床につける。相手の右足を両足でまたいだ形になる。素早く体重を右足から左足に移す。

5. 今度は右足を上げる。両手と左足の3点を重くすることでバランスをとる。

6. 別角度から。相手の左足裏の密着が弱くなっていることが分かる。

7. 左手でつかんだ相手の右膝を、相手の左膝にぶつけるようにして相手の左足裏を外す。

8. 足をさばいた後は右膝を相手の腰に乗せて制する。左手は相手の膝を離して上半身に持ち変える。

上半身を制されているときの対応2

▶パターン3　膝から下だけを動かしてパスガードする

1 相手の引き付けが弱く、相手の足が自分の膝より下にある場合。

2 下半身が自由なので、膝下だけを動かせば相手の足をさばける。

3 膝の位置を変えないこと。膝下だけを素早く動かすように。

4 左足は自由になったので、次は右足を自由にする。

5 右足を動かすときは、両手と左足に体重をかけバランスをとる。

6 写真4と6で右膝の向きが変わっていることに注目。

7 相手の足をどかしたので、相手の腰を右膝で制しにいく。

8 このパターンはスピードが必要。相手がガードを作る前に動く。

▶パターン4　頭が上がらないときはベースを作ってから攻める

1 相手に上半身を強く引き付けられていると攻められない。これは組み負けている状態。

2 相手の左胸を押すなどして自由に動けるようになると攻められる。これが組み勝った状態。

3 組み勝てば攻めることができる。力、間合い、角度、技術により組み勝つことが大事。

▶応用テクニック　襟と膝をつかんだパスガード上級編

1 P14で「襟と膝をつかんだパスガードは初心者向き」と書いたが相手が強いと難しい。

襟を引くと相手の右足は外れる

2 少し難易度が高いが、同じ組み手から襟を押さずに引き上げるパスガードもある。

右足を振り上げて足をさばく

3 この方法だと相手の腰が動かない。P124一段目の写真3と同じ状態を作れるのがその理由だ。

▶ 抑え込み編

▶ 1章 パスガードの基本

上半身を制されているときの対応3

基本姿勢

❌ NGムーブ ▶▶▶ 足幅を狭くしてはいけない

足幅が狭いと左右に崩れやすい。また、頭が下がっているので引き付けることで容易に崩されてしまう。

頭を上げて背骨を床に対して垂直にする。言い換えれば、腰の真上に頭がある状態を作る。あごを引き、相手に鼻の穴を見せるような形を作る。

❗ 技のポイント ▶▶▶ 頭を引き付けられたら頭を腰の下に入れる

腕で引く力と膝で押す力を拮抗させる

相手が襟を持つ手が切れれば、立ったままで頭を上げて背骨を床に対して垂直にできるが、どうにも手が切れないという場合は発想を変え、腰を頭の真下に持っていく。このことで背骨を床に垂直にすることができる。膝で相手の腿を止め相手に起きられないようにして、腕で相手を引く力も使って頭を上げて腰を下げる。

"蹲踞（そんきょ）"の形でもいい。両膝が上がっているので、P129の方法で左右どちらにもいくことができる。バランスが必要なので中級者向け。

❌ NGムーブ ▶▶▶ 膝を伸ばしてはいけない

基本姿勢では、右膝が曲がり右踵と右尻が近づいている。慣れていない人はバランスをとるために右膝を伸ばしがちになるが、右踵と右尻の間の空間に相手が足を入れてきてガードを作られてしまう。また、この形では膝で相手にプレッシャーをかけづらい。ここでも手は引きながら膝で相手に寄りかかる。

抑え込み編
1章 パスガードの基本

上半身を制されているときの対応 4

▶パターン1　右膝で相手の左腿を踏んでパスガードする（同側割り込み）

1 片膝ベースから、相手の左膝を右手や右肘で床に近づけると、右すねで踏みやすくなる。

2 右すねで左腿を踏む。両手を引き付けるとすねで踏む圧力が強まるし離れて逃げるのを防げる。

3 足を制すると同時に胸を密着させて相手の全身を制する。

▶パターン2　右膝で相手の右腿を踏んでパスガードする（対角割り込み／クロスニーパスガード）

1 相手がエビなどをして相手の右膝が床に近づいた場合、相手の右腿を右すねで踏みにいく。

2 右肘で圧力をかけて相手を制する。相手の急所を右膝で踏まないように注意すること。

3 左足を出してバランスをとりながら、右足を滑らせて崩袈裟固めで抑える。

▶パターン3　肘で相手の足を制してパスガードする

1 突き放されて近づけないと足を踏むことができない。

2 方針を変え、肘で相手の足を制することにする。

3 右前腕が相手の左腿に当たるようにする。

4 そのまま両足を遠ざけると、肘が重くなり相手の足が死ぬ。

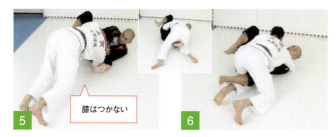

5 尻上げバーピーの形のまま大きく回り込み、相手の足を越す。

6 相手の腰を制したら、完全に抑え込むまで攻める。

✕ NGムーブ ▶▶▶ 肘は相手の腿より手前に

肘は床につける。相手の腿の上に肘を当てると相手が痛いし、相手に足を伸ばされるとクローズドガードに入れられてしまう。両手は引き付けておくと相手は遠ざかって逃げることができない。

129

> 抑え込み編
> 1章 パスガードの基本

下半身を制されているときの対応

▶ パターン1　身体全体でアーチを作り股関節を伸ばすことで相手の足を外す

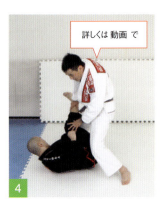

1. 足をつかまれた場合、足を遠ざけられないので、尻上げバーピーなどができない。
2. 方針を変え、相手に接近して腹を出し、横から見て自分の身体がアーチになるようにする。
3. アーチができると相手の足裏が離れる。足で床を蹴ることで強いプレッシャーをかける。
4. 相手の両足を左右どちらかにどかして攻める。ここからはバックをとりやすい。

（吹き出し）
- 本当は膝を×につけたい
- 相手に止められた結果としてこの形になる。この形をつくろとしない
- 詳しくは動画で

▶ パターン2　デラヒーバガードをされたときのレッグドラッグ

1. 相手が左足でデラヒーバガードを作ってきた。相手の両足はどちらにどかしやすいかを考える。
2. 相手の左足はフックされてどかしづらいので、相手の右足をどかしにいく。
3. 初めから相手の左足は右側にあるので、右足を右に流せば両足をどかしたことになる。
4. 右手や右膝で相手の膝付近に体重をかけて相手をつぶして攻める。

▶ パターン3　スパイラルガードをされたときのレッグドラッグ

1. スパイラルガードの場合も、デラヒーバの時と同じように考え、どかしやすい方にどかす。
2. 一度身体をアーチ状に反らせて、相手の足裏の密着を外す。右手で左踵を引き上げるといい。
3. 体重をかけて潰す。バランスをとっていると体重はかからない。自分の足で体重を支えない。
4. この頁の3パターンいずれも、相手がいなっかたら前のめりに倒れる状態を作って足をどかしている。

抑え込み編

1章　パスガードの基本

上半身も下半身も制されているときの対応1

▶パターン1　上半身を自由にできたらアーチを作って攻める

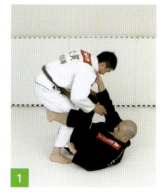

1　上半身と下半身が動かない場合。襟が切れそうだと判断したので襟の組み手を切りにいく。

2　相手の組み手が切れて上半身が自由になったので、P130の方法で攻める。

3　相手の左足がデラヒーバガードだったので右足を流す。相手の足は力をかけやすいように持つ。

4　足を潰す。右膝で相手の左膝付近に体重をかける。両膝で相手の腰を挟んで制する方法もある。

▶パターン2　下半身を自由にできたら足を潰して攻める

1　上半身と下半身が動かない場合。足が切れそうなのでつかまれている足を切りにいく。

2　相手の組み手が切れ、下半身が自由になったら、P126の方法で攻める。

3　足を遠ざけることで相手に体重をかけられる。頭を相手に近づけることも大事。

4　足をどかしたら相手の腰を制しにいく。ここでは右肘と右膝で相手の腰を挟んで止めている。

✕ NGムーブ ▶▶▶ 対応を間違うといつまでも攻められない

初心者さんに見られるパターン。上半身か下半身が自由になったらすぐにそれぞれのパターンで攻めればよいのに、原理を理解していないので有効な動きができず、再び相手に上半身と下半身をつかまれてしまう。

131

抑え込み編

1章　パスガードの基本

上半身も下半身も制されているときの対応2

技のポイント ▶▶▶ 一旦腰を入れてから引き、足裏を外す

1　上半身と下半身をつかまれたが制され方が弱い場合、腰を動かすだけで足を外すことができる。

2　両手で相手の両膝をつかみ背筋を伸ばす。両手で膝を、腰で足裏を矢印方向に目一杯押す。

3　両手の力は緩めず、腰をすばやく引く。このことで相手の足裏が腰から外れる。

4　P130上の要領で相手の足をどかす。相手の足をどかした方向と反対の方向に回りこむ。

5　両手と右膝で相手の両足を制する。腰を制するまで右手は矢印方向に引き上げてもいい。

6　腰をすばやく動かして相手の足をどかす方法はP130の方法と併用すると非常に効果的。

相手の膝を浮かせ床を蹴らさせない

相手の足を床に押し付けてもいいが、足腰の動きの良い選手は左足で床を蹴って腰を動かしてくる。右手で相手の左膝を天井方向に引き付け、右膝で相手の右膝を床方向に押し付けると、相手の足は宙で固定できるので相手は右足で床を蹴れないし、P124一段目の写真3と同じく相手は腰が動かせなくなる。

技のポイント ▶▶▶ 相手が腕を伸ばしている側に回る

上の解説の写真1～6では左足がつかまれていないので左側から攻めている。もし相手が片襟片袖をつかんでいる場合は、相手が襟をとり腕が伸びている側に回るといい。腕を引き付けて制しやすいし関節もとりやすい。

❌ NGムーブ ▶▶▶ 手で床を押せると逃げられる

脇が締まっている側に回ると相手の腕をとりづらい。また、相手に手で床を押されてしまうと逃げられる。

技のポイント ▶▶▶ 頭が上がらないときは腰を頭の真下にいれる

繰り返しになるが、強く引き付けられて頭が上がらない場合は、P128と同じようにベースを作って守りを固める。

抑え込み編
1章　パスガードの基本

覚えておきたい 技の豆知識

上からズボンをつかむ

!技のポイント ▶▶▶ 膝をつかむときと裾をつかむときの違いを理解する

▶つかみ方1　**膝をつかんでパスガード**

相手の膝を取って相手の足を制してパスガードをする場合。腕に体重をかけて相手の足の自由を制し、相手の足が届かないエリアを回り込むように移動して相手の足を越え、相手の腰や上半身を制しにいく。膝を持つメリットとしては、自分の肩が相手の胸近くまで届くので、足を越えた後、相手の上半身を制しやすい。

デメリット　足を絡まれやすい

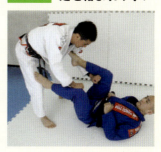

まず基本的に膝は取りづらい。取ったらすぐに体重をかけて足の自由を制しないと相手は足を回してくる。腕に足を当てられてしまったら手を放してやり直す必要がある。

▶つかみ方2　**裾をつかんでパスガード**

裾を取ってパスガードをする場合。体重をかけて相手の足を伸ばさせると相手の足を越えやすい。裾を持つメリットとしては、基本的に裾は取りやすいということと、相手は裾をつかまれると足が回らないので腕にからめづらくなるということがある。

デメリット　上半身を制しづらい

足を越えた後、相手の上半身を制しようとするときに、相手の上半身が遠いため、首に近づくのに手間と工夫が必要。下手に腕を伸ばすと写真のように関節を取られる危険性がある。

基本的なパスガードの方法としてズボンをつかんで横にさばくというものがあるが、膝をつかむ場合と裾をつかむ場合でそれぞれメリットとデメリットが違ってくる。それぞれ特性を理解して自分のスタイルに合ったほうを使ってもらいたい。

133

僭越ながら大賀からのアドバイス

OGA'S ADVICE

柔術、寝技、初心者の方に多い悩みにお答えします

細々したことをまとめて書かせてもらいました

其の一　「真実は関係性の中にある」という言葉があります。この言葉は寝技の技術によくあてはまります。寝技には非常に多くの技術が存在しますが、それらは雑然と並べてあっても使えませんし単独でも使えません。「この技術とこの技術の似ているところはここ」「違うところはここ」——ということを意識化する必要があります。それが「関係性」です。

　頭の中に巨大マンションのような空き箱があると想像して下さい。その空き箱一つ一つに技を整理して入れていくイメージです。
「このポジションではこういう理由でこの技を使う」「他の技はこういう理由で使えない」「もし防がれたらこちらの技に変化する」という張り紙までできればベストです。

　こうして、ある技に関してポジションや他の技との関係性を構築できたときに、その技は得意技になります。そして関係性のネットワークが大きくかつ緻密になればなるほど、その人はより多くのポジションで適切な技を使えるようになります。

　時々、寝技の素質があるなぁという人に出会いますが、そういう人は無意識かもしれませんが、頭の中に既に前述の空き箱があり、一度聞いた技でもそれを適切な場所にしまえたり取り出したりできる人なのではないかと大賀は思っています。

其の二　「基本技」とはなんでしょうか。大賀の考えでは「現在多くの人が知っている技」のことです。「普及技」と呼んだ方が正確かもしれません。とりあえずそれを学ぶことは必要です。基本技の名前と形くらいは知らなければ、その競技で何をすればよいかわからないし会話すらできないからです。専門用語を知らないと何の業界でもスムーズに話はできません。

　しかし基本技とは単にそれだけの意味であり、基本技を繰り返すことで達人になれるわけではありませんし、応用技と比べて重要だとも思いません。重要なのは技の中にあって目には見えない"原理原則"です。原理原則は知っ

ているだけでは何の役にも立ちませんが、身につけて応用できるようになると使い方が無限に広がるという本当に不思議なものです。

　また、基本技はかかりづらいと言われます。理由は単に相手もその技を知っているからという当たり前のことで、技そのものの問題ではありません。相手が知らなかったらかかることは初心者さんにかけてみたらわかりますし、相手も知っている技をかかるようにするには防げないようにする工夫がいるのも当然のことです。「基本技」という言葉に色々な思い込みを持っている人が時々いらっしゃるので、一応この文章を書きました。

其の三　本書では、多くの言葉を使って技術を説明していますが、言葉での説明には限界があります。一枚の絵すら言葉で説明するのは不可能なのに、動きを説明できるわけがありません。

　また、言葉を使うデメリットもあります。技を説明していると、始めの段階に説明したポイントを、体勢が変わった段階でも保持しているせいで技がかからないということがよくあります。「もうここは放していいからね」ということはなかなか毎回口にできません。また、言葉を聞いて思い浮かべるイメージは各人違うのも大きな問題です。

　なので、言葉にとらわれないでください。大賀も学生時代、多くの動きができずに困っていました。今となっては「ああ、これがあの言葉が表現したかった状態か」と思うことが多いですが、それは学生時代の自分が思い描いていたイメージとはどこか違います。言葉に捉われて実現不可能な形を思い描いて実現させようとしていたのですから、できるわけはありません。単なる無駄な努力でした。言葉に捉われて感覚を見失ったり思考停止をしてしまっていたことが本当に残念でなりません。言葉は従うべきものではなく、単なる参考情報として捉え、「こいつはこう書いているけどもっと良い方法があるだろう」くらいに考えて、ご自分の頭と身体を使って自分の感覚を信じて動きを創り上げてくれることを強く希望します。

▶抑え込み編
THE SCHOOL OF NEWAZA

2章

パスガードの応用・攻防

足を越えた後、腰を制し、上半身、首を制する抑え込みまでのプロセスについて解説する。
サイドポジションのみならず、ニーオンザベリー、マウントポジションなどへの変化や
サイドポジションで相手の腕をコントロールしてのさまざまな展開や抑え込まれた側の逃げ方なども紹介。
パスガードで相手を制するということについて多角的に分析する。

> 抑え込み編
>> 2章 パスガードの応用・攻防

パスガードのプロセス

1章では基本として、足をどかす＝パスガードという説明をしたが、実際は足をどかした後も相手を抑え込むまでにはいくつかのプロセスが存在する。この章ではこれらのプロセスについて詳しく解説する。

パスガードには下図のような手順が存在する。足をどかして上半身を抑えても、相手が上手くて腰が死んでいない場合は逃げられることがある。また守る側は、上が手順を切り替えるとき（例えば2→3や3→4に移行するとき）が逃げるための最大のチャンスとなる。なぜなら上が持つところを変えたり、体勢を変化させる際に抑えがゆるくなるからだ。上はこうしたことを十分理解したうえで相手の防御を破ってパスガードを完成させる必要がある。

01 足をつかむ

02 足をどかす

03 腰を制する

04 上半身を制する

05 首や肩を制する

▶ なぜガードを越えなくてはいけないのか

V1 極められない

十字絞め絞められない

腕十字とられちゃった

なぜこのように面倒なことをしてまでパスガードをする必要があるかというと、基本的にはパスガードをしないと上の選手は極めることができないからだ。逆に下の選手はガードからは極めることができる。パスガードせずとも極められる例外的な技（袖車絞めや足関節技）もいくつかあるが、そうした技もパスガードの技術が強烈であればあるほどより効果的になると理解してほしい。

抑え込み編
2章　パスガードの応用・攻防

抑え込み際を制する方法

もう少しで抑えこめる！と思ったときに相手に膝を入れられて悔しい思いをしたことがある人は多いはず。
こうした状況もきちんと対処をしてしっかり抑え込みを完成させたい。

相手の足をどかした後、首と脇をすくって胸を合わせにいくとき、相手との間に少し距離があったりすると、相手は左足でエビをして腰を動かせるので右膝を入れやすくなる。なぜかというと、このケースは前頁のプロセスでいうと、1→2→5と進んでいて3と4を省略しているからだ。

相手が上手い場合は3と4の手順をきちんと踏んで攻めたほうがいいが、相手の防御が不十分でほとんど抑え込めそうなところまでいけた場合は、このまま下にあるような3つの方法などで相手を抑え込むことができる。

相手が膝を入れてこようとした

崩袈裟で抑え込み

138ページ

腰を腰で制した抑え込み

139ページ

膝を入れられてしまったら

140ページ

腕で腰を制した抑え込み

141ページ

137

2章 パスガードの応用・攻防

腰を制する — 横四方固めから崩れ袈裟固めに変化

❗ 技のポイント ▶▶▶ 相手の膝が入る前に腰を切って背中で壁を作る

1. 首と脇をすくう横四方固めに行こうとしたが、相手がエビをして右膝を入れようとしてきた。
2. 右腕と左足でベースを作り、素早く右足を滑らせる。左足が遠いと相手と密着できないので注意。（右足をすべらせる）
3. 崩袈裟固めで抑え込む。右腰を相手の右脇腹に密着させているので相手は右膝を入れられない。（左足の位置も変えてバランスをとる）
3'. 別角度。正座した体勢から腰を回転させ右腰を床に向ける動きを本書では「腰を切る」という。

❌ NGムーブ ▶▶▶ 相手の頭を抱えた「袈裟固め」は逃げられやすい

右手で相手の脇をすくわず、頭を抱えた形を「袈裟固め」と呼ぶ（脇をすくっているのは「崩袈裟固め」）。ここからはVクロスという強力な極め技にいくことができる。ただし、袈裟固めはバックに逃げられやすい。初心者は脇を差されると苦し紛れに袈裟固めにいく人が多いが、こうしたデメリットを理解した上で使うようにしたほうがいいだろう。

❗ 技のポイント ▶▶▶ 袈裟固めから後袈裟固めへの移行

1. もし袈裟固めになってしまった場合。このままでは逃げられやすいのでより有利な体勢に変化する。
2. 左手で相手の右袖口を握り、右手は相手の頭を放して相手の右腕を脇で挟みにいく。
3. 相手に背中を向ける。両足で床を押す力で相手に背中で圧力をかけて押さえつける。（尻を浮かす）
4. 両足と背中で体重を支えて腰を浮かせたまま、左腰を床に向けるように回転させる。

5. さらに足で床を押して移動する。相手の右脇の奥に自分の左脇腹を押し込むようにする。
6. 右足で床を蹴り身体を回転させ相手を圧迫する。左手は相手の左膝をとり左肘で左腰を制する。

❌ NGムーブ ▶▶▶ 隙間を作らないようにする

左脇腹が相手の右脇奥に入っていないと、身体を回転させても相手を制することができない。右脇は相手の手首を強く挟む。右手で自分の左襟を取って脇を締めるといい。相手の肘を脇で挟むやり方もあるが重量級向き。（相手の右脇に隙間がある）

抑え込み編
2章 パスガードの応用・攻防

腰を制する — 腰で腰を制して抑える

技のポイント ▶▶▶ 腰と腰を密着させ足の力で押し込む

1 相手を抑え込めそうになった。相手は左足でエビをして空間を作り右膝を入れようとする。

2 相手の膝が入ってくると判断したら右足を伸ばし相手の右腰と自分の右腰を密着させる。

3 両足で床を蹴って矢印方向に回転する。自分の右腰で相手の左腰を押していくように。

4 相手の両膝が反対側を向くくらい押し込めば、相手はエビをして逃げることはできない。

✕ NGムーブ ▶▶▶ 右肘で相手を制する前は膝を入れられやすい

正座していると隙間が大きい

完全に抑え込む前は右肘の押さえが不十分なため、相手はエビで腰を動かし膝を入れて逃げることができる。腰と腰の間に空間ができると相手の膝が入ることを理解しよう。

肘と膝で十分に制すれば抑えられる

相手がエビをするより早く、右肘と右膝で相手の腰を挟めば正座していても抑え込める。

技のポイント ▶▶▶ 相手の腰の上に乗っかる崩袈裟固め

1 **2** やや上級者向けの抑え込みだが、胸ではなく相手の腰に乗る。右肘と右腰で相手の腰をはさんで抑える。両足を自分の身体の前面に出し、足裏で床を押して腰を浮かすと相手の腰に体重が乗って逃げられづらい。相手はある程度は動けるが対応して制する。

相手が手で押してきたら腕十字に

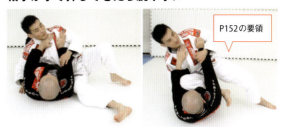

P152の要領

相手は腕が自由に使えるので押してくるかもしれないが、そのときはこちらが極めるチャンス。相手の腕が伸びてきたら右すねを相手の右脇に当て左足を顔にかければ腕十字固めになる。

✕ NGムーブ ▶▶▶ 胸と胸を合わせていると一本を取りづらい

柔道では25秒抑えていると一本勝ちになるので固く抑え込む技術が必要になるが、極めなければ勝ちにならないルールであれば、緩く抑え込む技術と相手が無理に逃げてきたところを一本取る技術が必要になってくる。

139

▶ 抑え込み編

▶ 2章　パスガードの応用・攻防

腰を制する ― # 相手が入れてきた膝をどかす方法

❗ 技のポイント ▶▶▶ 相手の膝が入ってきたら、密着を外してどかす

1 抑え込みが不十分な場合。相手は左足でエビをしてスペースを作り、右膝を入れてきた。

2 相手の右すねが腹に当たってしまうと、抑え込もうとして密着してもすねが強く当たって余計どかせない。

3 左肩と両足でバランスをとり、右腕を自由にし、右腕を手前から回して相手の右足甲をとる。

4 右手で相手の右足を押すと同時に、腰を相手から遠ざけて相手のすねの密着を外す。

胸は離す

5 密着を弱くしたら、右手で相手の右すねをどかす。左肩は重くしたままで相手を逃がさない。

5' 別角度。右手の力だけで相手の右すねをどかせられない場合は、身体を上四方方向に移動する。

6 相手の右足を完全に遠ざける。左手は相手の肩を引き寄せる力を使い、左肩を重くし続ける。

7 右膝を相手の右腰に密着させる。これで相手は右足を再び入れることは、すぐにはできない。

8 右膝を密着させたら足を放して、相手の右腰をすくう。拳を相手の右尻下に入れる。

9 右拳を床につけたまま右脇を大きく広げると、相手の足腰が反対側を向き、強い抑え込みになる。

▶ 応用テクニック **脇をすくって抑えてもいい**

写真⑧の時点で右腕で相手の左脇をすくって抑えてもいい。この場合、右肘と右膝で相手の腰を挟むようにすると相手の腰を制することができる。写真⑦の時点で相手の脇をすくえないと判断したら、右腰をすくいにいったほうがいい。

▶ 応用テクニック **相手の右すねに乗ってしまった場合は腰を開いて対処する**

1 相手との間合いが近くて相手の膝が天井を向いているときは、上の写真④のようには動けない。

左肩だけ重くする

2 相手に乗ってしまって遠ざかることができないので、腰を開いて相手のすねをどかす。

相手の右踵は右尻に押しつける

3 足首を抑えたまま左腰を床に向けるように腰を開くと相手のすねの密着を外せる。

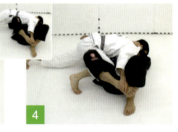

4 足を越えることができたら右膝を相手の右腰に乗せて制する。以下は写真⑧以降と同じ。

抑え込み編
2章 パスガードの応用・攻防

腰を制する — 腰を制するポイント1

技のポイント ▶▶▶ 右手を使って相手の身体を向こうに向かせる

  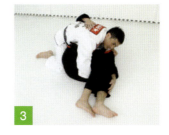 

1 右手で相手の右腰をすくう。相手はエビをしても右膝を入れられない。

2 前頁写真9のように相手をより向こう側に向かせる。

3 指を伸ばしていると踏まれたときに怪我をするので右手は拳骨にする。

4 別角度から。相手は手前側を向くことができない。

技のポイント ▶▶▶ 左脇と左腰を使って相手の右腕を制する

左膝を相手の後頭部に当てると、相手は右腕を抜いて逃げられない。

相手の右腕が自由だと右腕を腹の下から抜かれて逃げられやすい。もしこうなってしまったら、右腕やあごで相手の右腕を途中で止めて逃げられるのを防ぐこと。もちろん、わざと逃がしてバックを取ってもいい。

技のポイント ▶▶▶ 鉄砲返しにきたら足を伸ばして防ぐ

相手が巻き込んできたら両足を伸ばしてバランスを取る

相手と密着したままだと、返されたり左腕の関節を取られることがある。左肘を自分のみぞおちに近づけるようにすると、相手の首と右肩に良い形でロックをかけられる。頭を少し上げて肩甲骨を寄せることも大事。

こちらを向いてきたら尻上げバーピーの形をとる

相手が手前を向いてきたら、膝を浮かせて肩に体重をかける。

完全に制する前に相手が手前を向いてきたら、尻上げバーピーの形を作って左肩を重くし、相手の顔がこちらを向くことを止めないと逃げられる。

141

抑え込み編
2章　パスガードの応用・攻防

| 腰を制する | **腰を制するポイント2** |

右腕で相手の右腰をすくう以外に、ズボンの股の部分をつかんで伸ばす方法もある

右手で相手の右腿の付け根をつかむ。この部分は道衣のあまりが大きいので、握力が弱まらない範囲で相手の道衣をたくさんつかむようにする。しっかりつかんだら、写真のように右手首を返して腕を伸ばす。掌底の部分でズボンを押すことになるので、つかんでいる指の負担は小さくなる。

❌ NGムーブ ▶▶▶ 腰をかかえると三角絞めをとられる

右腕を相手の股間に深く入れて相手の腰を制する方法も有効。ただし、頭を押されて頭が相手の腰に近づくと三角絞めをとられる危険性があるので、自分の頭は相手の頭に近づけておく。もし相手の腰近くまで頭を押されたら、のどを相手の左腿付け根に押し当てると三角を防ぐことができる（P123参照）。

❌ NGムーブ ▶▶▶ 遠いほうのももをつかんでも手前の足が入ってくる

右手で相手の左腿付け根をつかんだ場合、相手は左足でエビをして空間を作り、右膝を入れてくることができる。左足をつかむ場合はP194のように膝近くを取って相手の足腰を向こう側に向かすこと。

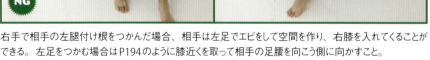

抑え込み編
2章　パスガードの応用・攻防

覚えておきたい技の豆知識
首と腰を制されたときの逃げ方

ここからは、これまでとは逆に抑え込まれた立場から逃げる方法についてを解説する。
まず、相手が両腕を使ってこちらが相手側を向くことを制している形からの逃げ方について。

❗ 技のポイント ▶▶▶ 右側を向けないときは右腕を脇から抜いて左に逃げる

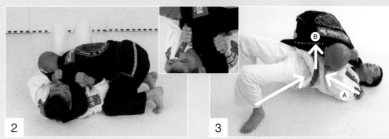

1
この抑え込みは、エビをしても右足を入れることができない。まずは身体を真上に向ける。

2
両手で相手の左肩をはさむようにつかむ。両肘を近づけると前腕で相手を押せる。

3
両手で矢印A方向に押しながらブリッジすると合力Bが発生して相手がはがれる。

4
背中を床につけ、左手だけで相手の左肩を空中に止めて右手を放す。

5
左手で相手の左肩を止めたまま、右手を指先から相手の左脇に入れていく。

6
腕が抜けたら右腕だけでフレームを作り相手の肩を止める。肘付近を当てること。

右腕のフレームで相手を止めて逃げる3つのパターン

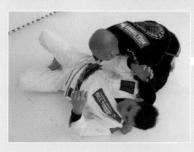

右前腕で相手の身体を止める形を作る。力は必要ない。P156の形を片手で作るようにする。初心者さんはここからとりあえず亀になって逃げる。

左腕で床を押す力を使い、両足を振り上げてガードに戻すこともできる。相手はここからかついで攻めてくるので足を回すなどして対応する。

両腕で床や相手を押す力を使い、左肩で後転して逃げる。ここからタックルで攻めることもできる。上が好きな人にお勧め。

143

抑え込み編
▶ 2章 パスガードの応用・攻防

肩と腰を制されたときの逃げ方

相手が両腕をバランスよく使って抑え込んでいる形からの逃げ方について解説する。

❗ 技のポイント ▶▶▶ 左肩を自由にして2方向に同時に回転しながら相手の足を抱えて逃げる

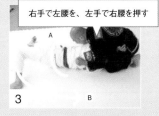

右手で左腰を、左手で右腰を押す

1. この形の相手には P212 の「鉄砲返し」が効きやすい。しかし相手が重いと難しい。
2. ブリッジをして隙間を作り、左手で相手の右脇をすくって左肩を自由にしていく。
3. 両手で相手の腰を押しながら右を向くA回転と相手と一直線になるB回転を同時に行なう。
4. A, B回転が終わったところ、自分の身体は半身。足は前後に大きく開いておくこと。

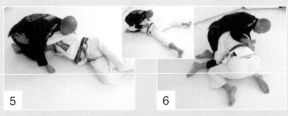

5. 足を交差させると自然に自分の身体がうつぶせになる。右足を右に、左足を左に動かす。
6. 左腕で相手の右腿を抱える力で正座して逃げる。タックルで攻めることもできる。

❌ NGムーブ ▶▶▶ 一方向への回転だけでは逃げれない

写真はA方向だけに回転した結果。自分のあごが相手の左膝で制されて逃げれない。両手で相手の腰を押して空間を作りあごを引きながら足で歩くようにB方向に動くと自分の左肩が自由になり頭が相手の腹の下に入る。

▶ 一人ムーブ 脇を締めて肘と膝と近づける力で伸びた身体を丸める

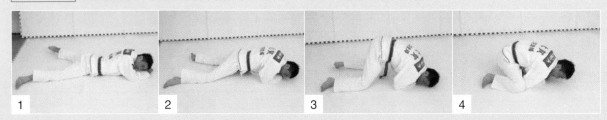

抑え込みを逃げてうつ伏せになっても、身体が伸びたままではバックに回られる危険性が高い（写真1）。身体を丸める力は、脇を締め（写真2）て肘を重くしておいて、膝と肘を近づける（写真3～4）ことで生み出す。ただし柔術のルール上では、ここからタックルで倒してもガードからの攻撃ではないのでポイントにならない可能性があることは頭に入れておいてほしい。

❌ NGムーブ ▶▶▶ 爪先で歩くことで身体を丸めない

爪先で床を蹴り、徐々に爪先を近づけることで身体を丸めようとする人がいるが、相手のプレッシャーの方が強いのでこれでは身体を丸めるのは難しい。もちろん身体を丸めた後は、爪先で床を蹴って相手に圧力をかけるようにする。

抑え込み編
2章　パスガードの応用・攻防

覚えておきたい 技の豆知識

崩袈裟固めからの逃げ方1

崩袈裟固めに対してはエビではない方法で空間を作って膝を入れる

⚠ 技のポイント ▶▶▶ 真上を向いたまま両足で歩くように回転して空間を作る

1. 右手が左脇で挟まれていたら、右手で左足をつかんで左膝を伸ばして脇を開かせて抜く。

2. 崩袈裟固に対してはエビをしても右膝が入りづらいので逃げられない。理由は動画を参照。（NG）

   ブリッジのように腰を浮かせて歩く
3. 写真1のように両手で相手の右襟を押して動きを止めて、両足で矢印方向にトコトコ歩く。

   肩が回転運動の中心になる
4. エビだと一歩しか動けないが、このやり方だと何歩でも歩けるので十分な空間を作れる。

4. 相手の右脇腹との間に空間ができたら、腰を浮かしながら右肘と右膝をくっつけて丸まる。

5. 写真のように、右肘の上に右膝を重ねて右前腕と右すねで相手の胴体をはさんで固定する。

6. さらに相手を押して空間を作り、左膝も相手の右脇に入れる。

7. 左膝で相手の右脇を開けさせるように動いて右足を抜き、ガードに戻す。

⚠ 技のポイント ▶▶▶ 似た方法でクロスニーパスに対して腕十字のカウンターをとれる

1. 相手がクロスニーパスガードに来たとき、両手で相手の右襟をとれれば腕十字のチャンス。

2. 上と同じ動きで相手から遠ざかる。左襟を押しても襟がはだけるだけで身体を止められない。

3. 相手はクロスニー方向に動いているので、少し動くだけでも空間は大きくなる。

4. お互いの身体が一直線になるくらいまで動いてから腕十字に変化する。

5. 足腰を振り上げて、右膝を相手の右脇に入れ、左足で顔を刈る。

6. 相手と直交するように回転して腕を決める。左脇は相手の右手首をはさんでおくだけでいい。

❌ NGムーブ ▶▶▶ エビで作る空間では膝は入らない

上が腰を切っている長所は、P138のように腰と腰の距離を近づけられること。短所は、右襟を押されると相手に圧力をかけづらく本頁の方法で距離をとられてしまうこと。相手が正座している場合は圧力が強いのでこの方法では逃げられない。違いをよく理解してほしい。

> 抑え込み編
> ▶ 2章　パスガードの応用・攻防

覚えておきたい 技の豆知識

崩袈裟固めからの逃げ方2

九州大学柔道部・奥田義郎師範の技術。様々な場合で応用が利く。

❗ 技のポイント ▶▶▶ 相手がもっとも返りやすい左斜め後ろ方向に力をかける

1　両手が自由になっていたら崩袈裟固めに非常に有効な逃げ方。まず左腕を大きくバンザイする。

2　左腕を回して相手の右膝を取る。左手は天井に近づくように回すのでなく、床に近いところを回すと身体がいいポジションになる。

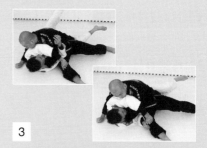

3　足を振る力も使いながら左手に力をかけて身体を完全に右に向ける。右を向くと右手でも相手の右膝をつかめる。

4　右腕も伸ばすと、若干自分の身体がうつぶせになる。上半身は若干丸める感じ。

5　足で床を蹴って歩くようにして矢印方向に移動する。この空間に相手が倒れる結果になる。空間がないと相手は倒れない。

6　P144写真5の要領で足を交差させ、より身体がうつぶせになるようにする。写真5、6ともできる限り足を大きく開くとより力が増す。

7　足を交差させたら右手を放す。左手はさらに相手の右膝を遠ざける力をかけていく。

8　放した右手を床につく。最初は肘をついてもよい。右手で床を押して自分の身体を起こし、左手で相手の膝を引き上げて倒す。

9　腰を切った相手はこの方向への力に弱いので簡単に返る。相手が正座している場合では、左手で相手の左膝を取ることはエスケープに非常に有効な手段。

相手の防御を破って抑え込む方法例

相手のレベルが上がってくると、P136の腰を制する工程と上半身を制する工程の重要性が増してくる。しかしこれこそがパスガードの醍醐味！とも言える。本書を参考にして自分の得意パターンを作り上げてほしい。

腰を制してから抑え込む展開

P136でいうと、3までできて4に移行する段階。巧みに上に登って上半身を制したり、回転して相手の足や頭をまたいだり、逃げようとする相手の腕を制して抑えるなどの方法がある。

腰の位置を変えて首を制する

151ページ

エビをしてきたらマウントへ

152ページ

相手の腕をとって制する

162ページ

袖を制されたら頭をまたぐ

157ページ

足をどかしてから抑え込む展開

P136でいうと、2までできて3に移行する段階。相手の身体に肩を乗せられなければ膝を乗せて制すればいいし、頭に回って相手の手足が無力になる角度から攻めてもよい。相手の足を上にどかすことができればかついで攻めるなどの方法もある。

肩がつかなかったらニーオンへ

153ページ

片手束ねパスガード

168ページ

両脚かつぎパスガード

170ページ

頭をまたぐ

157ページ

相手が足を回してきたときの対応

158ページ

抑え込み編
2章 パスガードの応用・攻防

上半身を制する ― 肩を乗せてから抑え込む方法1

▶ パターン1　**肩が相手の上半身を制していればそのまま首や肩を制する**

1 相手の足→腰→上半身を制した場合。左手を伸ばせば相手の首をすくえる。

2 左腕で首をすくい、肩で頬骨を制する。パターン3のように肩を固めてもよい。

▶ パターン2　**肩が相手の顔に届かなければ手首で顔を制する**

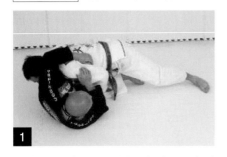

1 少し相手から遠い。上の例では相手の肩で相手の頬骨を制したが、この距離では肩は届かない。

2 左手で相手の首の真後ろの襟を取る。奥を取ると力こぶが相手の頬に当たり圧力はかからない。

3 襟をつかんだまま左脇を開けると、左手首で相手の頬骨を制して相手の顔を反対に向かせられる。

▶ パターン3　**相手の肩を取る方法**

1 少し遠い上に相手がかなり横を向いてしまっている場合。

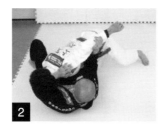

2 相手は首をすくわれることを警戒しているので違う手段を使う。

3 相手が予期しない角度＝相手の左肩方向に伸ばし背中をとりにいく。

4 体重を浴びせ相手に真上を向かせる。左手は相手の帯をとる。

首を固めるためには首に圧力をかけることが必要？

相手の身体の動きを制するには顔の向きを制限することが有効で、そのことを「首を固める」と言う。よくある誤解だが、実際は首をいくら押さえつけても首の動きは止まらない。実際に押さえるのは頬骨。ここを押さえると首の動きが止まり、身体全体の動きを制御することができる。この行為を「首を固める」と表現している。仮説だが、顔を止めろと言うと表情を止めろと解釈する人がいるからこの表現になったのではないか、と思っている。

抑え込み編
2章 パスガードの応用・攻防

上半身を制する ─ 肩を乗せてから抑え込む方法2

❗ 技のポイント ▶▶▶ 腰を止めた後は上半身を制してから首を固めて抑える

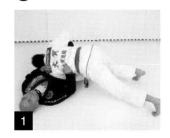

1 足と腰を制したが、相手の防御で肩が相手の下腹の上にあり、上半身を制することができない。

2 別角度。尻上げバーピーの姿勢で両腕を伸ばす力と両爪先で床を押す力を使い左肩で圧力をかける。

3 右手を放し、相手の右足付け根の道衣をつかむ。このとき右肘が曲がっているとタメになる。

4 つかむと同時に右膝を相手の腰につける。これをしないと相手にエビをして逃げられてしまう。

5 左足を相手の頭方向に伸ばす。ここで伸ばしておかないと写真7のときにバランスがとれない。

6 左手を放すが、ここで相手の首をとりにいくと袖を絞られてしまうのでまだこの位置のまま。

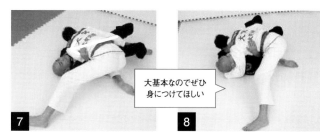

7 足で体重を支えながら、右腕を伸ばす力で肩を左に移動。肩が相手の顎に当たるとベスト。

大基本なのでぜひ身につけてほしい

8 上半身を制したら、左手で首や肩を制して抑える。3→4と5→6→7→8は急いで行う。

❗ 技のポイント ▶▶▶ 右手で相手の脇をすくうには相手のミスを待つ

1 この抑え込みだとたいてい相手は右脇を差してくるので、抑え込みを変化すると逃げられる。

2 相手をホールドしていると、相手は別の方法で逃げようと左手で右肩などを押してくる。

3 相手の左脇が空いたのを見逃さず、すぐに右手で脇をすくう。ここから、極め技に移行する。

❌ NGムーブ ▶▶▶ 遠くから首をとろうとしてもうまくいかない

肩が相手の下腹に乗っている状態でむやみに左腕を伸ばすと、左肩と相手の首が離れているので相手に左袖をしぼられる。これでは相手の首をすくうことができないし、最悪の場合には腕がらみをとられてしまう。

抑え込み編
2章　パスガードの応用・攻防

抑え込みからの展開 ― **エビをしてきたらマウントへ**

！技のポイント ▶▶▶ 相手がエビをして足幅が狭くなったらマウントのチャンス

1
P150の写真2で相手がエビをしてきたら、肩で圧力をかけながら離れる相手に歩いてついていく。

2
相手が横を向いたとき相手の両膝を自分の側に引き寄せる。相手の両膝が離れているとまたげない。

3
またげると判断したらマウントへ。まず左足を引き寄せて右足を大きく回す土台にする。

4
右足で相手の両足をまたぐ。バランスを取り両腕と左爪先の力で相手にかける圧力は弱めない。

5
またいだら左腕で相手の右膝を天井に向ける。言い換えると相手の右膝と床との空間を広げる。

6
左足をがにまたにするようにして、左足首を相手の右膝の下に入れる。

7
右足を相手の左膝の下に入れ、両足を締めて相手の腿をはさむ。相手の膝が出ると逃げられる。

8
写真7の姿勢はバランスが悪いので大急ぎで右腕をベースに頭と左肩を上げてから左腕を伸ばす。

✗ NGムーブ ▶▶▶ 相手の膝が向いている側の足はからまれやすい

写真5で、相手の左膝が床に近いときに左足を近づけると左足をからまれてマウントが取れない。なぜ左足を先に相手の膝下に入れるかといえば、相手の膝が向かって左に傾いているから。相手が左を向いている限り右足はからまれないことを理解して欲しい。

！技のポイント ▶▶▶ まずマウントキープを身につける

1

2

3

マウントをキープできないという人が多い、確かに極めるマウントは難しいがキープのマウントは難しくない。両足を相手の足に絡めて伸ばす、両肘を曲げて斜め前方につく、肘を伸ばす力で腰を相手に押し付ける――これでOK。

写真1で横腹を相手の顔に当て写真2のように身体をまっすぐに戻すと顔は腹で押されて横を向く。顔が横を向くと身体が動かなくなる。

抑え込み編
2章 パスガードの応用・攻防

抑え込みからの展開 — ニーオンザベリーへの変化例1

▶パターン1　肩が相手の胴体に乗らなかったら膝を乗せて制する

1. 両足をとり相手の足をさばいて腰を制しにいくが、相手の反応がよくて肩を乗せられなかった。
2. 肩が乗らないので膝を乗せることに方針を変える。右手を放して左腰に当て、体重をかける。
3. 左足を相手に近づける。先に近づけておかないと右膝を乗せたときにバランスが取れない。
4. 左手を放し相手の右腕を制する。同時に右足裏を浮かし右膝を相手の腹に乗せにいく。

5. 右膝を相手の腹に乗せているところ。上の頭が相手の身体より向かって左側にあることに注目。
6. 右膝を床について、相手の腰を右すねで制した。相手の腰を抑えていた右手は不要になったので放して背筋を伸ばす。
7. 右手で相手の左襟をとり、左胸を強く圧して抑える。左手で床を押して逃げようとする相手はこれで制する。左手は右袖を強く引く。

▶一人ムーブ　先に身体を移動させてから相手に膝を乗せる

相手に膝を乗せるための動き。NG写真の状態では右足を浮かしても何も起きない。右腕だけに体重をかける——言い換えると両足で床を押し右手の真上に右肩を移動させ、バランスを崩す。この状態で右足を浮かすと自然にベリーの形になる。自分の胴体を相手の身体の真上に位置させること。

✕ NGムーブ ▶▶▶ 右手の位置が肩より前に出ていてはダメ

写真のように右腕が斜めだと足に体重が残ってしまうので、右足を浮かせても右膝が相手の上に乗らないし、相手は左足でエビをして半身になって逃げてしまう。右腕を垂直にして右手を重くしてから右足を浮かせるようにする。

2章 パスガードの応用・攻防

抑え込みからの展開 — ニーオンザベリーへの変化例2

▶パターン2　崩袈裟固めとニーオンザベリーも相性がよい

1. 崩袈裟固で抑えようとしたが、相手に押されて脇腹が相手に密着せず逃げられそうな場合。
2. 相手の右袖を引くことと左足を引き寄せることでニーオンザベリーに変化する準備をする。
3. 右手と左足で腰を浮かし、相手が押す力を利用しながら相手との間にできた空間に膝を入れる。
4. ニーオンザベリーを完成させて抑え込む。相手が腕を伸ばし続けてくれれば、腕関節も狙える。

▶パターン3　脇をすくって逃げる相手にもニーオンザベリーは有効

1. 横四方固で抑えようとしたが、脇をすくわれてもぐりこまれて逃げられそうな場合。
2. 素早く右脇と左足でバランスをとる。右脇は左肘を圧し相手が起きられないように抑える。
3. 左手で相手の右袖を引きながら右膝を浮かせて相手の下腹に乗せていく。
4. ベリーを完成させる。必要があれば左足の位置を変えながら相手を押し込み真上を向かせる。

5. 最終的には右手で相手の左胸を押して制する。
6. 写真2の時点で左足を利かせ早めに相手を押し込むことが重要。無理なら固執せずバックへ。

▶応用テクニック　膝を押してきたらニーオンザベリーをやめて胸を合わせて抑える

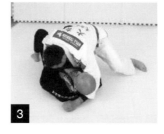

1. 相手が肩を押してきたら、膝で相手を制する。
2. しかし、相手が肩を押すのを止めて今度は膝を押してきたら——
3. 相手に胸を合わせて抑え込む。膝は床につけていい。
4. 右手で脇をすくえなかった場合は右腰をすくって抑える。

抑え込み編
2章 パスガードの応用・攻防

ニーオンザベリーの形

基本姿勢

ポイント2｜頭を上げる
右膝の上に自分の胴体や頭があるようにすると膝は重くなる。

ポイント3｜両腕は協調させる
両腕は弓を引くイメージで矢印方向に力をかける。

ポイント1｜右膝を床に付ける
床につけた方が逃げられづらい。相手も苦しくないし怪我もしない。

❗ 技のポイント ▶▶▶ **右すねは相手の腰を制する**

右膝を床につき、右爪先は床から離す。右足の甲で相手の腰をしっかり止める。右すねは相手の帯の上に乗せて、すねと帯のラインをきちんと合わせる。このことで相手の腰の動きを制する。左足で床を押す力で右膝を重くすること。

❌ NGムーブ ▶▶▶ **相手の胸に膝を乗せると腰が動く**

きちんと抑え込む前に膝を胸に乗せても相手の足腰が動くので足をかけられてしまうし、とにかく危ない。完全に抑え込んだ後、相手に苦痛を与え、隙を作らせて一本とるためのニーオンザベリーは、ここで紹介している技とは違う。大賀は痛いベリーは使わない。

❗ 技のポイント ▶▶▶ **一本取るためのベリーの形**

膝をアバラに乗せる方法もあるが非常に危険

一般的によく使われるベリーの形。相手の襟や足を引きあげることで、膝をより重くしている。右股関節を伸ばし、頭がなるべく天井に近づくようにする。気持ちは分かるが、頭を床に近づけても決して膝は重くならない。

153

抑え込み編
2章 パスガードの応用・攻防

抑え込みからの展開 — ニーオンザベリーからの変化例

❗技のポイント ▶▶▶ 右に振られたらマウントに変化する

1 右を向けないので相手が左にブリッジをしてきた。ベリーをキープしようとすると逃げられる。

2 右手を遠くにつき、左足を相手の腰に寄せる。踵を腰につけてがに股にすることが必要。

2' 別角度から。この形でバランスを取る。左手は相手の右腕を強く天井方向に引き付けたまま。

3 右足甲を床につける。絡まれないように遠くへ。左足をがに股にしているのでこの形を作れる。

4 ①右手や右足甲を重くし、右膝を相手の左脇近くまで移動させてから、②右足先を相手に近づける。

5 相手の上に座ってマウント。ここまで左手は相手の右腕を強く天井方向に引き付けておく。

❌ NGムーブ ▶▶▶ 手順を飛ばすと足をからまれる

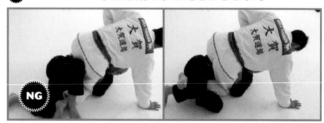

写真2で左足をがに股にしていないと写真3の時点で足を絡まれる。また、写真4の動作（①）を飛ばして写真5にいっても足を絡まれる。

❗技のポイント ▶▶▶ 右手を制されていたら腕十字を取る

1 相手が右手を制してブリッジに来たら、マウントは取れないので腕十字に移行すると決める。

2 床についた右膝で自分の身体を支えるよう移動。これで一瞬だけブリッジの影響を無くせる。（自分からこちらに傾く）

3 身体を回転させながら左足で相手の頭をまたぐ。右手は押し、左手は引き続ける。

4 腕十字をとる。右手が自由な場合でマウントをとらず腕十字に変化してももちろん構わない。

❌ NGムーブ ▶▶▶ ベリーに固執すると返される

このベリーの大賀独特の形は、両手足を使って相手を左に向かせようとしているので、相手が右を向こうとする力には非常に強いが、左を向く力には弱い。ただ、通常のパスガードの過程では、多くの相手は右を向いたり足を回したりして防御しようとする。そういう相手を効率よく制するには非常に効果的な形なので、このことを理解して使いこなして欲しい。

抑え込み編
2章 パスガードの応用・攻防

抑え込みからの展開 ― 頭をまたぐ方法

❗技のポイント ▶▶▶ 袖を絞られたら頭をまたいで逆の手で首を制する

1 肩で相手の腰を制したが、相手は両手で左袖を絞って首をすくわれないように防御してきた。

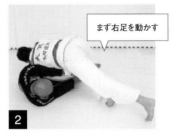
2 左手が使えないと相手の右サイドからは抑え込めないので、逆サイドに回ることを選択する。（まず右足を動かす）

3 回る方法は2つ。相手の足をまたぐか頭をまたぐか。今回は相手の頭が近いので頭側に回る。

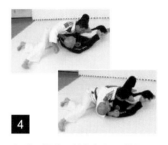
4 右手で相手の首をすくって抑える。左肩を重くしてバランスをとって回ることがポイント。

❌ NGムーブ ▶▶▶ 仰向けになると十字架にとられる

袖を絞られると横転して攻めようとする人がいるが、あまりお勧めしない。

ここで下が慌てて両手を放してくれれば上は攻められるが、上級者は放さない。

下が右手を離さなかった場合は、このように上はそれ以上回転することができない。

そのまま、いわゆる十字架や地獄絞めと呼ばれる形で両腕の自由を奪われてしまう。

❗技のポイント ▶▶▶ 相手のディフェンスの穴を見つけて攻め続ける

1 足をどかして肩を乗せようとしたが、両手で肩を押して防がれた場合。

2 P150のようにマウントに変化しようとしたが、相手がエビをして腰が遠くなり膝が届かない。

3 腰が遠ざかったということは、頭が近くなっているはずなので頭をまたいで攻めにいく。

4 写真3で寄せた右足を軸にして左足を回す。右手は放し、左手は相手の右膝を引き付ける。

5 相手の左胸に左膝を乗せながら左手で相手の右膝を力一杯引き寄せ、相手を左に向かせる。（大胸筋に膝を乗せれば怪我はしない）

6 相手が右腕で左足を抱えてきてくれればそのまま腕がらみをとれる。

7 関節が取れなくても、P141の「近い手をとって制する」を使って相手を制することができる。

8 パズルを解く感覚で、相手のガードのどこが弱いかを探して攻めることを楽しんでほしい。

抑え込み編
2章 パスガードの応用・攻防

抑え込みからの展開 — ## 足を回してきたときの対応 1

インバーティドガードを防ぐ五角形

写真のように腕で作った五角形の形を柔術では「フレーム」と呼ぶ。フレームはとても強固な壁を作るので、相手の接近を阻むことができる。この構造を作れば骨格で圧力を止めることができるので、あまり力を要しないという点も重要だ。もちろん、フレームより遠くへ相手を押しのけるには力が必要になるが、多くの場合相手を遠ざけることは必要ではなく、相手を止めることで形成される空間を利用して五分に戻したり攻めに転ずることにこそ意味がある。P158 も参照のこと

❗技のポイント ▶▶▶ フレームで足を止めたら尻上げバーピーで腰を制して抑える

1 足を裁いて横に回ったら、相手もこちらに頭を向けるように回転してくることがある。

2 腕をクロスしたままでは相手が回してくる足を防げないので、両手を相手の足から放す。

腕と足が当たる直前に前に倒れ相手に寄りかかる

3 腕でフレームを作って相手の足を止める。前腕の肘に近い部分を相手の膝付近に当てる。

4 尻上げバーピーに変化するのと体重で相手の足を止めるため、姿勢は前のめりになる。

手の平は床につく

5 尻上げバーピー。頭を相手の帯の結び目に当てて体重をかけると相手の腰が動かなくなる。

6 相手の腰を制した後に、両肘と両膝を床につけて相手と胸を合わせて抑え込む。

❌ NGムーブ ▶▶▶ 相手の足をフレームで止められなければガードに戻される

腕をクロスしたままだったり（写真左）、手の平で相手の足を止めにいったり（写真中）、棒立ちだったりすると相手の足を止めづらい（写真右）。腕で五角形を作ったら、回ってくる相手の足の膝に自分の肘付近の前腕が当たるように身体の位置を調整すること。

抑え込みからの展開 — 足を回してきたときの対応2

技のポイント ▶▶▶ 相手が膝を当ててきたら膝を乗せ返して尻上げバーピー

1 相手が足を回してきたので、前頁の方法で相手の足を止めようとする。

2 相手がこちらの意図を察知し、足を回すのを止めて正面から膝を入れてくることがある。

3 両膝の外をつかんで前に押し出しながら、両膝を相手の大胸筋に乗せる。頭は天井に近づける。

4 上半身が前傾していると相手の膝の密着が強くなるが、上半身を床に垂直にすると相手の膝が離れる。

5 尻上げバーピーに移行する。両腕は伸ばしたままで相手の膝が戻ってこないようにする。

6 頭が相手の膝より床に近くなれば、相手の膝は戻ってこないので両手を放して床につく。

7 尻上げバーピーを作った形。これで相手の足と腰は無力化されている。

8 胸を合わせて抑える。もし相手が手で強く突っ張ってきたら、P159以降で解説する方法で攻める。

▶応用テクニック 相手の足裏が当たらないように注意する

1 一連の攻防で、下の人のよりベターな防ぎ方を紹介する。

2 まだ相手と間に間合いがある時点で足の裏を当てるといい。

3 胸に当たると蹴り放てるし、脇下に当たれば逆さスパイダーガードをかけることができる。

4 逆さスパイダーからは写真のように、反転して三角絞めなどをかけることができる。

5 基本的にパスガードをするときは、相手の足裏が身体に当たらないように心がけること。

6 「相手の足裏は熱いアイロンだと思え。当たると大火傷。当てられないうちに捌いてパスだ!」

抑え込み編
2章 パスガードの応用・攻防

覚えておきたい 技の豆知識

五角形フレームの応用

▶パターン1 いきなりニーオンザベリーにいくときに使う

1
相手の足を捌いてパスガードにいくとき。

2
相手が左足を回して当てようとしてくることがある。

3
右手でフレームを作って防ぐ。前腕を膝付近に当てる。

4
寄りかかって相手の足を止め、そのままベリーで抑える。

▶パターン2 巻きスパイダーに絡まれることを防ぐ

NG
右腕を巻スパイダーで制されるとパスをしづらい。

1
脇を締めるのも一つだが、フレームを使っても防げる。

2
右脇を広げ肘を相手に向けることで相手の左スネを止める。

3
右肘に体重をかけて寄りかかりながら回りこんで攻める。

▶パターン3 足をさばくときに応用する

NG
足を捌くとき、脇を締めていると相手の足が引っかかる。

1
足をさばくためにまず相手の両膝をつかむ。

2
右脇を大きく広げて、空間を大きくしてから足を右に捌く。

3
こうすると相手の右足がこちらの右腕に引っかからない。

▶パターン4 蹴りスパイダーを外す

締めることでタメができる
1
肘裏に足を当てられたら右脇を締め左手で足首を押さえる。

2
肘を少し後ろに引きながら大きく右脇を広げると蹴り足が外れる。

▶パターン5 抑え込みを防ぐ

1
もっとも一般的なフレームの使い方。相手の圧力を止める。

2
手の組み方。右手で左手をつかみ左前腕で圧力を止める。

抑え込み編
2章 パスガードの応用・攻防

相手の腕をとって制する展開

相手の動きを止めるには、首や肩など体幹を直接止める方法と、腕などの末端を制して
身体全体の動きを封じる方法がある。末端を制する方法は重くて力が強い相手にも使えて応用が利く。

近い手をとって制する

161ページ

遠い手をとって制する

160ページ

頭をまたいで制する

162ページ

腕十字固めへ

163ページ

腕を縛って制する
164ページ

**腕を縛っている側に
サイドポジション**

165ページ

**腕を縛っていない側に
サイドポジション**

164ページ

襟絞めへ

166ページ

バックポジションへ

165ページ

ニーオンザベリーへ

164ページ

マウントポジションへ
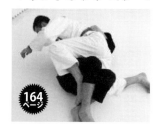
164ページ

抑え込み編
2章　パスガードの応用・攻防

遠い手を取って制する方法

技のポイント ▶▶▶ 片腕を制することで身体全体の自由を奪う

1. 相手ともみあったとき自分から遠い側の腕をとれることがある。
2. 右手で相手の左袖口をとって、右前腕で腰を抑える。
3. 膝を相手から遠ざけておくと引き付けるスペースができる。
4. 相手を引き付けて抑え込む。もちろんバックをとってもよい。

技のポイント ▶▶▶ 抑えるのは脇でなく腰

右前腕で相手の腰を抑える。肘は重くして床に近づける。

右前腕で相手の脇を抑えていると相手の腰が浮いてしまい、身体全体が動いてしまうので逃げられやすい。

技のポイント ▶▶▶ 左肩も止めるとよりベター

左手で相手の左肩甲骨付近を止めると、より相手が動けなくなる。

相手の身体が柔らかい場合、腰が動かなくても、左肩を動かすことで逃げられてしまうことがある。

技のポイント ▶▶▶ 袖口は上から押さえるようにつかむ

袖口は、写真のように天井方向から押さえつけるようにつかむ。

床方向からつかんだ場合、相手が両手を組んで伸ばす力に弱く、つかみを外されて逃げられやすい。

抑え込み編

2章 パスガードの応用・攻防

近い手を取って制する方法1

技のポイント ▶▶▶ 腕をすくったら一度相手の動きを止める

1 相手ともみあったとき、自分から近い側の腕をすくえることがある。実戦で非常に多い形。

2 この形を作り相手の動きを止める。やや難易度が高いがパスの成功率が格段に上がる。

3 肘で相手の背中を押すことと、右膝が相手から離れていることがこの形の重要ポイント。

4 相手の動きを止めてからあごを肘の上に乗せると、完全に相手を封じることができる。

NGムーブ ▶▶▶ 右肘を重くして相手の背中を押さないと逃げられる

肘を重くして相手の背中を圧することで相手の胴体を止めることができる。手前に引き寄せるだけでは相手の胴体は動くことができるので逃げられてしまう。肘を重くするには右膝が相手から離れていることが重要。右膝を相手に密着させると肘が軽くなって逃げられる。

NGムーブ ▶▶▶ あごを相手の肘に乗せないと逃げられる

あごを相手の肘に乗せていないと、相手は左手でこちらの右手を抑え、右手を解いて逃げてしまう。また、いきなりこちら向き直って両手を突っ張られても逃げられてしまう。あごを相手の肘に乗せていると、これらの方法で逃げる相手を止めることができる。

161

抑え込み編
▶ 2章　パスガードの応用・攻防

近い手を取って制する方法2

❗ 技のポイント ▶▶▶ 右膝を寄せてから両足で相手の上半身を挟む

1. 相手を止めたら、右肘と左足を重くして右膝を浮かす。左手を相手の右肩の上に置いてもいい。

2. 浮かした右膝を相手の後頭部付近にすべらせ、膝が着地したらそれを重くして左足を浮かす。

3. 浮かした左足を回して両足で相手の上半身を挟む。これで相手の上半身を制する。

4. 左手は相手の右手首を取り、右手は自分の左手首をつかむ。これで相手の腕を完全に制する。

5. 別角度から。右膝を動かすときに相手の右腕の制止が弱くならないように注意する。

6. 左手で相手の右手首を取りながら左足を回す。このときは頭は相手の腰の上あたりにある。

7. 両足で相手の上半身を挟む。右手で自分の左手首を取り、腕のクラッチを完成させる。

8. 最後に、背中を反らし自分の頭が自分の腰の真上にあるようにする。これで相手の脇が開く。

❗ 技のポイント ▶▶▶ 相手の腕と上半身の制し方

相手の肘を天井に近づけるとうつ伏せに逃げられづらい。回転の中心軸から遠いところに力をかけられるためだ。相手の力が強い場合は矢印方向に膝で力をかける。相手の頭に座る方法もあるが首に負担がかかるので怪我に注意。

相手の脇が締まっているとうつ伏せに逃げられやすい。力点と支点と作用点が近いから。

❌ NGムーブ ▶▶▶ 左足から先にまたぐと逃げられやすい

右膝が相手に遠いところにあるまま左足で相手をまたぐと、すぐには相手を足で挟めないため足に力を入れづらく軽くなってしまい、相手の左腕で左足を浮かされてガードに戻されることがある。

162

近い手を取って制する方法3

技のポイント ▶▶▶ 相手のつかみを外して腕がらみ

相手が帯などをつかんで腕がらみを防いできたら、①左手を矢印方向に動かして自分の右手首を相手の腕に密着させる。②両手を矢印A方向に引き寄せて相手の帯のつかみを切る。切れなければ矢印B方向に振ったりする。③関節を決める。相手の肘は自分のみぞおちに密着させて天井を向かせ続けるように。

技のポイント ▶▶▶ 背中側に回って腕十字固めに変化

1 相手の脇が十分開いて、つかみが切れると判断したら。

2 腕十字に変化してもよい。左足で相手の顔を十分制する。

3 上の方法でクラッチを切る。身体全体を伸ばす力も利用する。

4 写真①→②への移動は必要な所は固め、不要な所は離して動くこと。

技のポイント ▶▶▶ つかみが切れなければ腕をしばる

1 相手のつかみが切れないと判断したら、道衣でしばりにいく。

2 右手の甲で相手の右腕を止めて自分の左腕を自由にする。

3 左手で道衣を引っ張る。右手は深く差し入れて迎えに行く。

4 右手で道衣をつかんで相手の腕をしばって制する。

技のポイント ▶▶▶ 相手の腕は手首で制する

 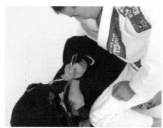

相手の腕に道衣をまきつけても緩んで逃げられてしまう。右手を深く差し入れて道衣をつかみ、右手首を曲げる力で相手の腕が痛くなるくらい制すること。相手がしばられることを嫌い、帯を放して逃げようとすることも多い。その場合はそのまま関節を極める。

抑え込み編
2章 パスガードの応用・攻防

腕を縛ってからの攻撃1

技のポイント ▶▶▶ 腕をしばったら大量13得点のチャンス！

1 腕をしばったら、パス、ベリー、マウント、バックの13点を得て有利に試合を進められる。

2 まずパスの点数をもらう。左手で相手の右膝を取り、左足を適切な位置につく。

3 左足で床を蹴る力を使い相手を上に向かす。左手で腰をすくうともう足は戻ってこない。

4 3秒間相手を抑え込んでパスの3点を得る。

5 次はベリーに行く。左手を重くして相手の右腰近くの床につき、前腕で相手の腰の動きを止める。

6 右腕と左手を重くして、左膝を少し浮かす。高く浮かすと相手の足が入るので注意。

7 左膝を相手の腹に乗せる。このベリーは爪先は床につける。これで相手の腰が動かない。

（左前腕と左すねで腰を止める）

技のポイント ▶▶▶ マウントをとるときは踵を相手の膝付近に引っ掛ける

8 ベリーを3秒キープして2点を取ったらマウントを取る。まず左膝を床に戻す。

9 右腰を床についた後袈裟の足の形に変える。これで左足を自由に動かせる。

10 右膝で相手の左腰を抑えてから、左手で相手の右膝をとって自分のほうに引き寄せる。

11 左足を回して踵を腿に引っ掛け、左踵と右膝を近づける力で相手の両足を挟む。

12 写真11で、無理に左足を回して足裏を床につけようとすると左足をからまれる危険がある。

13 3秒キープして4点取る。途中で極めるチャンスがあればしばりを解いて一本取りにいく。

（右足で床を蹴ってマウントをとる）

抑え込み編
2章 パスガードの応用・攻防

腕を縛ってからの攻撃2

技のポイント ▶▶▶ 腕をしばった側から抑えてバックをとる

14 マウントの後、左足を戻してサイドに戻り、ここからバックをとるため腕をしばった側に回る。

15 相手の頭方向に回り、腕をしばった側に位置したら、胸で相手を押して左に向かせる。

16 相手の腰付近の床に右足裏をつく。左膝は相手の左肩付近にすべるように移動させる。

16' 別角度から。左膝が相手の肩より上にあることがわかる。左手は相手の左脇付近をつかむ。

17 相手を起こしてバックをとりにいく。真後ろに倒れるのではなく、右肩を床につくように倒れる。

18 両足が相手のそけい部にかかって3秒キープするとバックポジションの4点が得られる。

19 絞めにいく。腕のしばりは放した方が絞めやすいが、絞められるのであれば放さなくてもいい。

NGムーブ ▶▶▶ バックをとるためには左足の位置に注意

左の写真のように左足先が相手の左腰の近くにあると、相手を起こし左足を前に出してそけい部に入れようとしてもなかなか左足が前に出ない。右の写真のように左足先が相手の脇腹付近にあると（言い換えれば、左膝が相手の肩の上にあると）、相手の身体を少し起こしただけで左足を前に出すことができる。

技のポイント ▶▶▶ 腕をしばって抑え込む場合は身体の位置に注意する

腕をしばった側に身体があると、両手を組んで肘を曲げ伸ばしされ、しばった腕がほどけてしまいやすい。

しばった腕と逆側に身体があると、相手の片腕を腰で止められるので、腕をほどかれづらい。万一、相手に両手を組まれても、あごからのどにかけての部分で相手の前腕の動きを止められる。

抑え込み編
▶ 2章　パスガードの応用・攻防

腕を縛ってからの攻撃3

❗ 技のポイント ▶▶▶ 腕をしばって抑えたまま絞める

1. 腕をしばった側に身体を位置させて抑え込んだ状態。右手を引き右肩を出して相手の右腕を制する。

2. 左腕を相手の喉元に入れて、相手の左襟を順手で深くとる。

3. 相手の首の下に自分の左腿を入れて相手の首を固定し、左肘と左腰を近づけるようにして絞める。

❗ 技のポイント ▶▶▶ 拳を首の下のラインから入れる

相手の胴体を凹ませるように入れる

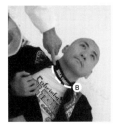

拳骨を作り体重をかけて喉元に入れる。手を入れるラインは、あごと首の境目のライン（A）ではなく、首と胴体の境目のライン（B）。体重をかけて手を入れるには、膝を浮かす気持ちになるとよい。体重が左手にかからざるを得なくなる。

▶ 応用テクニック

後ろから絞め手を入れる場合も同じラインを狙う

後ろから手を入れる場合も同じラインBを狙う。なぜなら相手があごを引くとあごと首が密着するので、Aのラインはすぐ無くなるがBは最後まで残る。よって、その部位に拳を密着させてラインに沿って手を入れるのがもっとも理にかなっている。

❗ 技のポイント ▶▶▶ 襟を相手の首に隙間無く巻きつけてから絞める

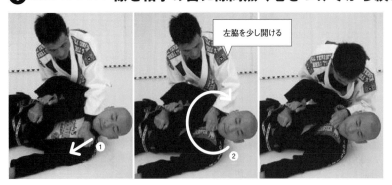

左脇を少し開ける

❌ NGムーブ ▶▶▶
襟と首の間に隙間があると絞まらない

相手の襟を取ったら、①絞める前に矢印方向に襟を引き出す。②矢印方向に大きく回し首に襟を隙間無く巻きつける。③強力に絞まる。これが襟を使って首を絞めるすべての場合のもっとも重大なコツの一つだと大賀は思っている。

襟を取ってすぐ、直線的な力をかけて絞めようとしてもなかなか絞まらない。襟と首の間にある隙間から圧力が逃げてしまうからだ。襟で絞める場合は紐で絞めるのと違って一度隙間ができてしまうとなかなかそれを無くすことができない。よって、先に隙間を無くしてから絞める力をかける。これは後ろから絞める場合も同じだ。

抑え込み編

2章　パスガードの応用・攻防

片手束ねパスガード1

⚠️ 技のポイント ▶▶▶ **片手で相手の両足を束ねてパスガードする**

1 抑え込もうとしたら膝が入ってくることがある。クロスニーパスもこれで防がれることが多い。

2 見やすいように離れています

右手を相手の左膝裏から入れて、右膝内側の道衣をとる。手の平で腿を押さえてもいい。

3 相手に圧力をかけ、右肩で相手の左腿を潰しながら、左手で相手の首の真後ろの襟をつかむ。

4 左肘を曲げ頭を相手の喉に押し付けてあごを上げさせる。非常に強力な首の制し方の一つ。

5 横四方固方面に回って相手と直面する。このとき、お互いの胸と胸が合う。右手は伸ばして相手の身体を反らせるようにする。

5' 別角度から。NGムーブで後述するが、ここではまだ相手を抑え込めていないので、さらに回り続ける必要がある。

6 回転を続けて相手と崩上四方固方面まで回る。相手の頭が12時方向だとしたら、自分の足は1時方向に向けるように。

7 左脇を開けて手首で相手の顔をそむけさせる。右手は伸ばして相手の身体をさらに反らせる。これで完全に相手の動きを止められる。

7' 別角度から。この角度であれば右膝を何の問題もなく相手の右腰につけることができる。頭頂は5時方向に向いていることにも注意。

8 右膝を相手の右腰につけたら、横四方固に戻って抑える。相手の左手が背中にあれば、右手で脇をすくって抑え込みを変化できる。

7" 肘を床に近づけて下半身を捻らせる

写真7'を別角度から身体を放した状態で。相手の身体は雑巾のように捻られた上、反らされているのでまったく動けなくなっている。

❌ NGムーブ ▶▶▶ **横四方固方面からでは右膝が入らない**

NG

写真5の状態から右膝を相手の右腰につけて抑え込もうとしても、相手は身体を丸めて左膝を引き付けることができるので、左膝に邪魔されて抑えこむことができない。左肩に体重を乗せてそこを中心にしてもっと回り込んでから膝を入れる。

抑え込み編
2章 パスガードの応用・攻防

片手束ねパスガード2

技のポイント ▶▶▶ 相手の両膝をくっつけさせるのがポイント

片手で相手の両足を束ねるのは簡単なことではない。特に左足を潰せないと逃げられてしまう。

1 全身の力を有効に使う。左手で相手の右襟をつかみ、襟を引き寄せる力で右肩を床に近づける。

2 右手は相手の右膝を床方向に押さず、右膝と左膝を近づけるように力を加えて両足を制する。

3 左足をしつこく抜く相手には、あごからのどにかけての部分を腿の前面に当てて止める。（舌を噛まないよう歯を合わせる）

4 相手が両膝を強く広げてくるときは体重をかけて相手の左膝を潰す必要がある。

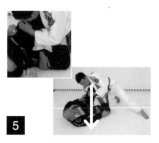

5 左手で相手の左膝をつかんで補助にして、自分の右肩を相手の左膝の上に乗せる。

6 尻上げバーピーの動きで一気に相手の左膝に体重をかけ、右手は相手の右膝を引き寄せる。（右肩を床にぶつけるつもり）

7 相手の足が潰れたらすぐに左手で相手の奥襟を引きつけて上半身を制して相手の身体を殺す。

NGムーブ ▶▶▶ 右手で身体を起こされないようにする

相手の右手が自由だと、床を押し身体を起こして逃げられてしまう。パスガードの構造上、身体全体で相手の足腰を制する段階があるので仕方のないこと。これがこのパスガードの弱点になる。

技のポイント ▶▶▶ 足を制したらすぐに襟をとる

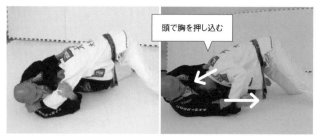

相手の足を制したらすぐに襟を引き付けながら頭で相手を押し込んで背中を起こさせないようにする。襟が取れないときは袖口を取って引き付ければ、相手は右手で身体を起こすことができない。（頭で胸を押し込む）

技のポイント ▶▶▶ 脇をすくわれている間はこの形をキープする

この手法で抑え込むと多くの相手は左手で脇をすくってくる。この間、右手を放すことができないのでこの形のままキープする。相手があきらめて左手で肩を押してきたりしたら、相手の脇をすくい抑え込みを変化して攻める。相手がずっと脇をすくっていたらニーオンザベリーへ。

抑え込み編

2章 パスガードの応用・攻防

かつぎパスガードのポイント1

❗ 技のポイント ▶▶▶ 相手の足を天井方向にどかすこと

1 右手で相手の左足をすくう。左手と左膝で相手の右足を制し、三角をとられないように注意する。

2 右脇を開け、相手の左足を右肩でかつぐようにする。腕で足はかつげないが、肩ならかつげる。

3 左膝で相手の右腿を踏みながら、前に倒れるようにして股を開かせて、相手の足腰を殺す。

4 左手で補助しながら右手で相手の右襟を深く取る。手は順手にする。

5 右手を曲げる力を使って相手を丸める。左膝を離し、左手は相手のズボンをとって引き上げる。

6 相手の腿が床と平行になったら相手を丸めるのは終了。真下に体重をかけてこの形をキープ。

7 相手の上半身を制したので、右前腕で相手を制しながら右に回り、相手の足をどかしにいく。

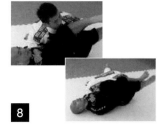

8 相手の足をどかして抑える。足腰を殺し→上半身を制し→足をどかす手順があることを理解する。

❌ NGムーブ ▶▶▶ 丸め過ぎると後転される

相手の上半身を制するために相手を丸めるが、相手の腿が床に平行になればいい。それ以上押しても意味はなく、かえって後転されたり相手が首を怪我をするだけ。また相手の左膝は相手の左顎に近づけて右顎には近づけない。膝が正中線を越えても後転されて逃げられやすくなる。

❗ 技のポイント ▶▶▶ 丸めたら真下に体重をかける

1 相手を丸めるため、矢印方向に力をかける。右肘を曲げる力や両足で床を蹴る力や左手でズボンを引き上げる力を使う。

身体を伸ばされないように右肘は曲げる

2 相手を丸めたら、尻上げバーピーの形で相手の腿裏全体に真下に体重をかける。左膝裏と左尻付近に体重をかけて、相手を動けなくさせる。

3 右に回るにしたがって体重を右肘にかけ、上半身を制する。腿裏には体重をかけない。足を伸ばしてきたら、伸ばさせればパスになる。

169

抑え込み編
2章 パスガードの応用・攻防

かつぎパスガードのポイント2

❗ 技のポイント ▶▶▶ 相手を抑え込むための形を理解する

1
右前腕で相手の上半身を制したら、足をどかして抑え込む行程に移る。

2
相手に近づき過ぎないように回り込み、適切な位置で止まる。

3
右肩を前に出して首をそむけ、天井から見たら自分の身体がくの字になるように曲げる。

4
相手の足がどく。ここでは相手の身体を伸ばさせることが必要になる。

袈裟のラインで抑える
5
腕の拡大。肘が床につき、肩が肘の真上にある。この形を作ると相手は右を向くことはできない。

6
相手が右を向いて逃げようとしている間は、この形でキープする。

7
相手が左を向いて逃げようとしたら、右手を離して抑え込みの形を変化する。

8
右手で首をすくって完全に抑え込む。左手は相手の左腰をすくって左足が入らないようにする。

❌ NGムーブ ▶▶▶ 肘が鋭角になると前腕で相手を制することができない

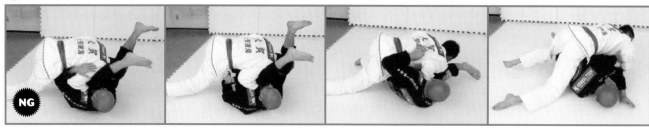

相手に近づきながら回ると肘が鋭角に曲がってしまう—言い換えると、拳の真上に肩がある形になってしまう。こうなると肘が重くならず、前腕で相手の袈裟のラインを抑えることができないし、身体が乗り過ぎになるので相手は回って逃げやすくなってしまう。足を相手から遠ざけるようにして回ることが必要。

❌ NGムーブ ▶▶▶ 相手と直交すると逃げられる

右に回りこむとき、お互いの身体が交わる角度が90度になるまで回ってしまうと、前腕で相手の首から脇にかけての袈裟のラインを抑えられないので逃げられやすくなってしまう。相手の頭が12時方向だとすると自分の足は4～5時方向ぐらいで止めること。

かつぎパスガードのポイント3

技のポイント ▶▶▶ 足をどかすために頭頂の方向がカギになる

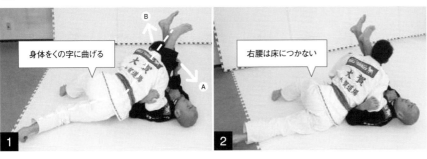

1. かつぎパスでは、前半は相手を丸めるために頭頂を矢印A方向に向けて肩で相手の膝裏を圧する。後半は上半身を曲げて矢印B方向に頭頂を向けて相手の足を肩から外す。両爪先の方向も大事。

3. どうしても足がどかない場合、左手で直接足をどかす。右肘が軽くならないように注意。

▶応用テクニック 簡単にできる相手の腕をつかんでのかつぎパスガード

1. 両手で帯をとって引き上げる。引き上げたら腹を出して帯を床方向に押すと固定できる。

2. 相手が左手で腰を押してきたら右膝で踏む。これはP169でも必要になる重要方法。

3. 相手が右手で抵抗してきたら左手で袖をつかんでコントロールする。

4. 右に回りながら相手の右手を背中に回す。

5. もう相手を丸める必要は無いので、頭を相手の腹の前にもっていく。

6. 頭で押して相手を寝かす。自分の左肘は床に近づけて相手の尻が床に落ちるのを妨げない。

7. 抑え込む。相手は両手が死んでいるので抵抗することができない。右手で絞めてもいい。

8. キープする場合は、相手に胸をつけないで、右手で床を押して右膝を重くするといい。

| 僭越ながら大賀からのアドバイス |

OGA'S ADVICE

柔術、寝技、初心者の方に多い悩みにお答えします

柔術世界大会黒帯優勝を目指している方へ

寝技が強いことと試合で勝つことは似ていますが、まったく同じではありません。お金をたくさん持っていることと幸せであることの関係のようなものです。試合で勝つためにはそれ独特の要素が必要です。　大賀は、黒帯になってからは世界一になるために柔術をやっていました。年齢別の大会ではなれましたが、ムンジアル（若者の大会）では3位止まりでした。そんな人間が、何をどのように考えてどんな方向に向かっていたかを書き残すことは、他山の石として少しは参考になると思うので、偉そうですが最後に書かせていただきます。

そもそも試合の勝敗は何で決まるのでしょうか——。大賀は「心・技・体の総合力が試合中に上回っている方が勝ち、下回っている方が負けるだけのこと」だと考えています。その場の頑張りなどはそれほど関係ありません。勝敗の多くは試合前にすでに決まっているというのが大賀の考えです。心・技・体とはいったい何かというと、大賀は以下のように考えていました。

心とは——①柔術競技で結果を出すことに命を懸ける覚悟と、「寝技が強い」ということは一般社会的には何の価値もないという理解を両立させること。②本番で最高のパフォーマンスを出すメンタルコントロール能力。三昧。③崇高さ。

技とは——①技術体系を広く深く理解して使いこなすこと。②身体の動きも含めて、技そのものの合理性をより高めること。③タイミング、コンビネーション、虚実。

身体とは——①身体の全器官の機能を知りそれを高めること。②運動、栄養、休養のバランスを取ること。③好調・不調などの変調に対する感度を高めること。——以上です。

詳しい説明は、字数の関係で書略しますが、今でもこれらの方針はそんなに間違っていなかったと思っています。

念のために書いておきますが、本書のような技術的に細かいことを書くと「この人は技の細かいことばかり考えていたんだろう」と思われかねませんが、それは違います。身体の鍛え方やコンディショニングやメンタルコントロールの方法も大賀はある程度の自信があります。そうでなければ試合で勝てません。ただ、それはあくまでも自分に対してのもので万人に向くかの検証は今のところしていないし、それらについてはレベルの高いことを発表している本などが別にあるので、大賀が人に説明する必要がないからしないだけです。寝技の暗黙知を共有知にすることに大賀の存在価値はあると思っています。以下の文章も技術について書きますが、それは試合で勝つために必要な3要素のうちの1つだけについてのことだというとは理解しておいて下さい。

大賀のスタイルは、上手く説明はできないのですが、学生時代にやってきた「七大学柔道（寝技の多い柔道）」をベースにして、柔術の技術はかなり工夫して取り入れました。おそらく多くの人は、大賀が大事な試合でまあまあ勝てた理由についてなかなか理解できないのではないかと思いますが、それはこのスタイルのおかげです。大賀はたまたま七大学柔道がベースでしたが、レスリングはもちろん野球などでも、応用を利かせれば同じことができると思います。ブラジル人の真似はしませんでした。彼らは勝つための対象であり、目標ではなかったからです。

乱取りはあまり数多くしませんでした。無理に多くやっても35歳を越えた身体には疲れるだけで上達に役立つとは自分には思えなかったからです。代わりに自分の乱取りを毎日撮って見直しました。もちろん、教則DVDや試合のDVDも見ました。身体の動きについても、なるべく効率の良いものを探し続けました。ここ数年でそういう関連の参考文献が増えたのは大きな助けになりました。

結果として、自分はムンジアルでの優勝ができませんでした。残念なことですし振り返れば反省も多いです。反面、自分の素質と環境でここまでの実績を残せたことは上出来だったという思いもあります。簡単ですが以上です。

世界一を目指している方々にはこれらの情報を取捨選択いただいて、有用なところだけでも活用いただければ幸甚です。

▶抑え込み編
THE SCHOOL OF NEWAZA

3章

ハーフガードの攻防

本章では、ハーフガードをとった相手の上半身の制し方や二重絡みの対処法、
さらにそこから足を抜ききるまでのプロセスについて細かく解説していく。
特に、膝まで抜く、足首まで抜く、爪先まで抜く——という完全に足を抜き切るまでのテクニックを徹底紹介。
また、下の選手のハーフガードからの反撃法、ディープハーフガードの使い方についても解説する。

抑え込み編
▶ 3章　ハーフガードの攻防

ハーフガードとは

ハーフガードとは下が上の片足に自分の足をからめてパスガードを防いでいる状態。
上がからまれた足を抜くことでパスガードが完成となる。

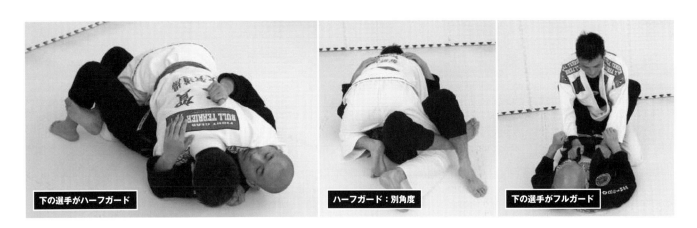

ハーフガードとはフルガードに対比しての言葉。下の人が両足とも自由になっているガードをフルガードと呼び（写真右）、下の人の片足が上の人の両足の間に入っている状態を、「足が半分相手に制されている」という意味でハーフガードと呼ぶ（写真左、中）。近年、ガード技術の向上によりハーフガードからの攻め技も多数存在する。

狭義のハーフガード

混乱を避けるため本書での言葉の定義をしておく。これらの写真のように下の背中が床につき上半身を固められている状態を本書では狭義のハーフガードと呼ぶ。この状態から上が足を抜いて抑え込む技術を本章で紹介する。

広義のハーフガード

本書ではこれらの状態を広義のハーフガードと呼ぶ。いずれも下の右足が上の両足の間に入ってはいるが、下の背中が浮いていたり上半身が自由だったりして、上の人の足が抜けてもすぐには抑え込みにはならないポジションである。

試合でよくある工程は、フルガード→広義のハーフガード→狭義のハーフガード→足抜き→抑え込み→極め——といものだ。1章、2章では触れなかったが、両足をどかしてそのままパスをしようとしても、相手が足をからめてきてハーフガードになることは実に多い。よって、ハーフガードからの足抜きの技術を身につけることは、パスガードを成功させるために必要不可欠なことだといえる。

抑え込み編
3章 ハーフガードの攻防

ハーフガードに対して足を抜くプロセス

本章では、ハーフガードに対して足を抜くプロセスについて、
膝まで抜く、足首まで抜く、爪先まで抜く——の3段階で細かく解説していく。

足には膝、足首という関節があり、太腿、ふくらはぎ、足首から先の各部位はそれぞれ形も方向も変わるので、①膝まで抜く方法、②足首まで抜く方法、③爪先を抜ききる方法——はそれぞれ微妙に異なってくる。よって、それぞれポイントをきちんと理解しておかないと、足が抜けなかったり返されたりしてしまう。なお、「ハーフガードをとる」という表現は厳密には下の選手の状態を指す言葉。同じ場面の上の選手の状態を表現することもあるが、本書では混乱を避けるために後者は使用しない。

上半身を制する

177ページ

二重絡みにさせない

182ページ

二重絡みをかけられた

二重絡みを外す

183ページ

二重絡みされたまま極める

184ページ

膝まで抜く方法

185ページ

ブリッジされたときの対応

186ページ

足首まで抜く方法

187ページ

爪先まで抜く方法

188ページ

175

抑え込み編
3章　ハーフガードの攻防

ハーフガードに対して足を抜くコツ

狭義のハーフガードまで相手を攻めれば、あとは足を抜けばパスガードになる。密着しているポジションからの攻防はスピードやパワーよりも技術が占める重要性が大きいし、怪我をする危険も少ない。パスや抑え込みが不得意な人は足抜きの練習を多くすると相手を上から制するコツがつかめることが多い。ぜひ積極的に取り組んでほしい。

▶ポイント1　必要なところだけを密着させて相手の首や肩を固める

相手の首や肩を固めて、足が抜けたらそのまま抑え込みになる、という状態を作る必要がある。力と体重をかけるためのバランスが必要。

首や肩を固めていないと足を抜いても抑え込みにならない。また、写真のように突き放されてしまうと広義のハーフガードに戻されたことになる。相手に脇をすくわれないことと、相手の背中を床につけさせることが必要。防御を固めている相手には腰を制してじりじりと登っていく辛抱強さも要求される。

▶ポイント2　自分の腰を相手の腰から遠ざけることで足を抜く

左肩を中心に腰を回転させる

首や肩を固めるには肩や脇を密着させる必要があるが、足を抜くためには腰と腰を遠ざけなければならない。腰と腰の距離を足の長さより長くすることで足を抜くから。この矛盾する2つのポイントを両立させるのがミソ。

胴体を密着させていれば相手を固められるが足は抜けない。

▶ポイント3　返されないようにバランスをとる

中途半端な間合いにいたり、必要な場所を止めていなかったり、不要な場所を密着させたりしていると返されやすい。また、不要なところに力を入れているとつっかい棒を出せなくなる。

密着しすぎると返されるし離れると逃げられる。手足をつっかい棒に出せれば返らないが、むやみに出すと逃げられる。原理原則を理解して適切な対応をとること。

上半身の固め方

相手の首や肩を固める方法には様々な種類があるが、ここでは大きく分けて4つのものを紹介する。なお、首や肩を固める手法は体格などにより個人差が大きい。ここではやせていて比較的腕が長い大賀のやり方を紹介する。有用な部分、不要な部分は各自取捨選択し、自分なりのより良い方法を作り上げてほしい。

▶パターン1　首をすくう

左手で相手の首をすくって固める。正座している場合もあるし、左腰を床についていることもある。相手の頬骨を肩で制して左を向かせて相手の身体全体が右を向けなくなるようにすることが必要。そのためには自分の左肘の位置が重要になる。

▶パターン2　肩を取る

左手で相手の左肩越しに帯をとり、左肘で相手の左肩を、左脇で相手の左肩から右脇にかけての袈裟のラインを挟んで制する。

▶パターン3　脇はぐり

相手の上着の左すそをはぐって左手で深くつかんで引き寄せて固める方法。パターン1のやり方と似ているが、相手の右頬と左脇を制するのでより強力に固めることができる。相手の反撃を防ぐ手段としても使えるし、すそ絞めにも使えるなど非常に広い場面で応用が利く。

▶パターン4　召し捕り

相手の左腕を相手の道衣を使ってしばる方法。腕一本で相手の左上半身を殺せるので非常に効果的。腕がらみとの連携で使用するといい。

※本書ではP182以降の足を抜ききる方法について、すべてパターン1の方法を使って上半身を固めた状態で説明しているが、それ以外の方法で上半身を固めてももちろん応用できる。

抑え込み編
3章　ハーフガードの攻防

上半身の固め方 — # 首の固め方

▶ポイント1　**正座している場合は相手の頭を遠ざけて固める**

バランスをとっていると左肩を重くできない

バランスを崩すことで左肩を重くできる

1　正座して首と左脇をすくって手を組んだ状態。このまま左肩で相手の頬を押しても効かない。

2　左膝に体重をかけ左肘を軽くして矢印方向に移動させる。真上から見ると相手の背骨が曲がる。

3　左肩を重くして頬を制する。左膝は相手の右脇に密着させてもぐりを防ぐ。

▶ポイント2　**腰を開いた場合は相手の頭を引き付けて固める**　※本書では相手に背中を向けるように身体を捻ることを「腰を開く」と呼ぶ。

1　左手は相手の左肩口（道衣の胴体と腕の境目付近）をとり、左腰を床につけている状態。

2　相手の脇を差している右手を重くし、左肘を浮かすようにする。

3　浮かした左肘を自分の左腰近くに引き付ける。肘は床につけないようにする。

4　左胸を張るようにして、左肩で相手の頬を制する。相手の顔が左を向くようにすること。

❌ NGムーブ ▶▶▶ 左肩で相手の頬を押すだけでは相手を固められない

指で指した部分に相手の後頭部を当てて、肩で相手の頬を押しても相手は苦しくないし、自分のバランスが変に崩れるだけ。どのようにしたら相手の顔を左に向かせることができるか考える。

▶ポイント3　**V字肘で相手の頭をはさんでひねる**

1　左脇は開けて腕を伸ばし、左肘裏を相手の後頭部に当てる。

2　左手で道衣をつかみ、肘を曲げることで左右から相手の後頭部を挟む。

3　左肘を移動させると。肘で挟んでいた相手の後頭部が移動する。

4　相手の頭をボルト、腕をレンチとして、ボルトを上手く回す方法を考える。

3章 ハーフガードの攻防

上半身の固め方 — 肩の固め方

🔔 技のポイント ▶▶▶ 肘で相手の肩を挟み込む

1 本頁と前頁の方法は、その状況で有効だと判断した方法を選択して使用する。

2 左手を相手の左肩から回して相手の帯をとる。親指も使い五本の指で帯をつかむこと。

3 少し下がって相手を引き寄せ、相手の背中を床から浮かせて帯のにぎりを背骨付近に移動させる。

3' 別角度から。相手の横帯をつかんでいたら、肘で相手の肩を挟むことができない。

左肘は伸ばす気持ち

4 右手で相手の左肩を床方向に押し込んで、自分の肘裏に相手の首の付け根を密着させる。

5 左胸を張り、左肘を曲げることによって相手の左肩を左肘ではさんで制することができる。

❌ NGムーブ ▶▶▶ 肘裏に相手の肩が密着していないと挟めない

指で指している部分に空間があると、肘を曲げても肩を挟めない。チョークや肩固めなど肘でものを挟む技の多くは同じ原理。肘をやや伸ばして挟むものを密着させてから肘を曲げる手順が大事。

▶ポイント1 袈裟のラインを制する

指で示した相手の左首から右脇の袈裟のラインを、自分の左肘と左腰を近づける力で挟み込む。腹裏や横腹をこのラインに乗せて相手を制する。

▶ポイント2 腰を適切な位置に置き相手の右腕を無力化

腰の位置 OK NG

相手は右腕で左腰を押したり、股をすくってもぐってくる。腰が肘より遠ざかると相手の腕が入ってくるので近づける。さらに肘で相手の右肘をおし上げて、背中で相手のあごを圧すると相手はまったく動けなくなる。

抑え込み編
3章 ハーフガードの攻防

上半身の固め方 — # 脇のはぐり方

❗ 技のポイント ▶▶▶ 首をすくうだけより数段強力に相手を固められる

1 左手で首をすくい、右手で相手の左すそをはぐる。

2 右手で何度も強く矢印方向にすそを引っ張ってたるみをなくす。さもないと後でゆるんでしまう。

3 左脇を開け肘を伸ばして左手で相手の右すそ奥をとる。首は固めていなくてかまわない。

4 右手をずらして左手がつかむ場所を作り、相手の右すそのもっとも奥のところを左手でつかむ。

5 左腕を伸ばしたことで肘と相手の後頭部の密着が弱まっているので、腕をずらして密着させる。

6 P178と同じく右手で床を押し左肘を浮かして引く。きちんとできると相手の左腕は動かない。

▶応用テクニック 頭で脇をすくっていればより安全に脇をはぐれる

1 頭で相手の左脇をすくっていれば、より安全に脇をはぐって相手を固めることができる。

2 また、相手に脇をすくわれた状態でも、脇はぐりを使うと相手の反撃を封じることができる。

3 動画で説明しているが、相手がもぐってきたときの反撃にもこの手法は有効である。

4 すそを使ったブラボーチョークで絞めることもできる。P184や動画で説明している。

❌ NGムーブ ▶▶▶ すそを肘付近にかけると戻されることがある

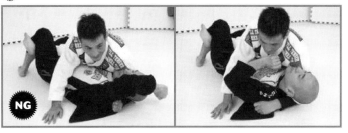

すそを肘に近いところにかけると左脇を完全に開かせることができるが、相手の力が強くて脇を締められるとすそがゆるんでしまう。腕と胴体の境目にかけるといい。

抑え込み編
3章　ハーフガードの攻防

上半身の固め方 — 腕のしばり方

片腕で相手の左上半身の自由を完全に奪える最強の方法

1 P185で説明する「右手の壁」を相手が無理に押してきた場合、相手の拳を上から包みこむ。

2 右手を重くして相手の左腕を床につける。右手を重くするためには胸の密着をゆるめること。

3 腕がらみをとりにいく。相手の拳を握っていると相手は帯や道衣をつかんで防ぐことができない。

P179写真3の動きで相手を半身にさせる

4 関節をとれないときは相手の反発を利用して相手の腕を腹側に持ってくる。

5 左手一本で相手の左腕を制し、右手で道衣をとりにいく。道衣はなるべく背中側から回す。

6 左腕を深く差し入れて右手で持ってきた道衣の深いところをとる。

7 写真4で浮かせた左肘を床に着く。左肩を出し、左拳を左肩に近づけるように。

7' 別角度。相手の左肩が背中側にあるのがわかる。これは写真3→4の時点で移動させる。

❗技のポイント ▶▶▶ 道衣を深く取り、手首を返す力で相手の前腕を固める

1 P153にもあるが、相手の前腕には道衣ではなく自分の手首を相手が痛がるくらい強く押し当てる。

2 写真1で手首を小指側に目一杯曲げて道衣をとってから親指側に曲げると圧力が強力に。

✖ NGムーブ ▶▶▶
相手の肩関節は胸側に出さない

相手の肘と肩が動くと自由度が大きくなり腕を抜かれる。写真7'では肘しか動かない。

181

抑え込み編
3章 ハーフガードの攻防

足を抜ききる方法 — 二重絡みの防ぎ方

ハーフガードでからまれると非常に面倒な二重絡み。
ここでは二重絡みをかけられない方法について解説する。

✗ NGムーブ ▶▶▶ 足を伸ばしていると二重絡みで動けなくなる

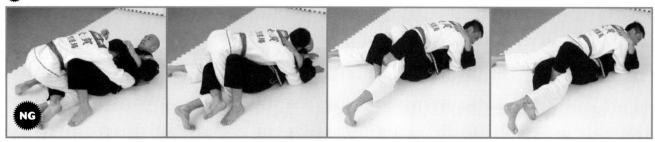

二重絡みをされる一般的なパターン。相手の足を一本またぎ、腰を制した体勢から上半身を固めるために上に登るとき、両足で床を蹴ると登りやすいが、足が伸びてしまうので二重がらみをされてしまう。二重絡みをされてしまうと足が抜きづらいし、返されたり極められたりするのでからまれないように注意したい。

❗ 技のポイント ▶▶▶ 二重絡みをされないように登る

1 相手の足を一本またいで腰を制したら、パターン1と同じく両踵を尻に近づけて正座する。

2 登り方には色々なパターンがある。膝で床を押す、足の甲で床を押す、相手の足にからみついて登る——など。

3 足腰の柔軟性のある人は、ガニ股にして爪先で床を蹴るという方法も。自分に合ったやり方を作るといい。

4 両手で相手の両脇をつかんで引き寄せる力を使うのも非常に有効。上半身も有効活用するようにしたい。

▶ パターン1　正座している場合は踵と尻を密着

相手の首と脇をすくって正座している場合は、踵と尻を密着させると相手は二重絡みができなくなる。余談で感覚的な話だが、相手の右足は自分の右腿とふくらはぎで挟んで制するが、膝を重くする人と軽くする人の2種類いるようで、それぞれ違った固め方になるようだ。

▶ パターン2　腰を開いたら右すねを床に立てる

相手の首や肩を固めた後、腰を開いて左腰を床につけたら、右足を相手の左尻にできる限り近づけてすねが床に垂直になるようにする。この形を作ると相手は二重絡みができなくなる。引き寄せるときは踵と拇指球を交互に動かして歩くようにするか、自分の右手で右足首をとって引き寄せる。

抑え込み編
3章 ハーフガードの攻防

足を抜ききる方法 — ## 二重絡みへの対処 1

ここでは、うっかり二重絡みをかけられてしまったときの外し方について解説する。

▶パターン1　からまれていない方の足を使って外す

1 右足だけをいくら動かしても二重絡みは外せない。詳しくは動画を参照のこと。

2 右足を天井方向に動かして空間を作り、左足を右側に持ってきて自分の両足を交差させる。

3 左踵を相手の右踵に当てる。これで相手の右足の動きを止めることができる。

4 右膝に力を入れて一回伸ばした後、素早く曲げることで右足を外すことができる。

5 膝下を回して相手の右足から遠いところに右足をつく。相手の右踵は左踵で止めたまま。

6 ちなみに写真4の時点で、相手の力が強くて自分の膝を伸ばすことができないと二重絡みは外せない。

7 腰を開いて左腰を床につき右手で急いで左足を相手の左尻近くに寄せる。左踵は外していい。

8 P182のパターン2の体勢。ここからは再び二重絡みをされないように足を抜きにいく。

▶パターン2　相手が大きいときなどは腰を開いてから足を外す

1 相手が大きくて、パターン1の写真2のように右足を持ち上げて床の間に空間を作れない場合。

2 左腰を床につき、大きく右足を引くと足が交差して左足が使える。左腿の上に相手の腰を乗せる。

3 普通ならブリッジで返される体勢だが、二重絡みをしている相手はブリッジができない。

4 パターン1同様、左足で相手の右踵を止める。踵に当たらない場合はふくらはぎでもいい。

5 必要なのは、自分の右足を外したときに相手の右足が追ってこれないように自分の左足を使うこと。

6 相手の右足が自由だと、自分の右足を外してもすぐに追いかけてきて再びからまれてしまう。

7 右膝を伸ばして曲げて回すことで右足のからみを外したら、右尻に近づけて安定させる。

抑え込み編
3章 ハーフガードの攻防

足を抜ききる方法　二重絡みへの対処2

▶パターン3　両脇をすくわれて密着されたら袖車絞めで攻める

1

2

3

両脇をすくわれて上半身を引き付けられたらなかなか足が抜けないので、袖車絞めを狙う。

左手四指を自分の右袖口に入れ、右手刀を相手の喉元に入れる。首回りに空間を作らない。

乗り過ぎないようにして絞める。P180の方法で脇すくいを無力化して足を抜いてもよい。

▶パターン4　袈裟のラインで密着されたらすそを使って脇で絞める

1

2
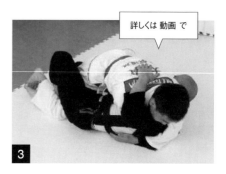
3

詳しくは 動画 で

相手が右首と左脇にかけての袈裟のラインに手をかけて密着してきたら袖車絞めはできない。

P180の要領で相手の左すそをはぐり相手の右首近くで右手に渡す。右手は逆手で持つこと。

左脇を相手の左首に当て、右手首と左脇で相手の首をはさんで絞める。非常に強力な絞め。

覚えておきたい 技の豆知識

二重絡みについて

普通のハーフガードは両腿で相手の足にからむだけだが、両腿で相手の腿を挟んだ上に、お互いの足の甲を当てることで二重に相手の足にからむ方法を「二重絡み」と呼ぶ。写真のように自分の左足甲を自分の右膝裏に入れて、自分の右足甲を相手の右足甲に当てて合わせるやり方（A）と、自分の右足甲を自分の左膝裏に入れて自分の左足甲と相手の右足甲を当てるやり方（B・写真なし）がある。足の筋力や柔軟性、そこから狙う技によってAとBは使い分ける。足が抜きづらいのは一般的にAなので、本書はAの抜き方を説明している。下の人の足の力が強く、両足を力一杯伸ばすとなかなか足を抜くことはできない。

矢印①方向に足を伸ばすと胴体も密着するので足が抜かれづらい。②の方向に伸ばすと足は抜かれやすいがもぐりなどへの変化が可能になる。

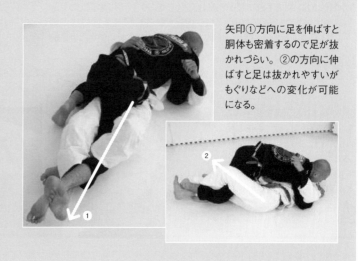

抑え込み編
3章 ハーフガードの攻防

足を抜き切る方法 ― 膝まで抜く方法

❗ 技のポイント ▶▶▶ 頭と右手で壁を作って相手の左手を無力化する

1 相手の首をすくい、腰を開いた状態。二重がらみを外した状態と同じ。ここからまず膝まで抜くことを目標にする。

2 頭を相手の左腰に近づける。①左脇をすくわれづらくなる、②上半身をより強く固められる、③足が抜きやすくなる――という効果がある。

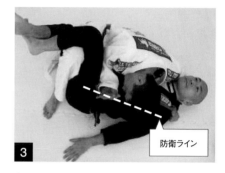

3 自分の頭と相手の左足の間の空間に右手を開いて置くことで相手の左手の侵入を防ぐことができる。手首は強く相手の腰に押し付ける。

防衛ライン

❌ NGムーブ ▶▶▶ 相手の左腕が防衛ラインを越えると危険！

上の防衛ラインの外側に相手の左腕がある限り、相手の腕は強い力を出せないので、頭と左手を使って防衛ライン内に侵入させないようにする。防衛ラインの外に相手の左手があれば、相手はブリッジもできないし、こちらは相手の腕を制してしばることもできる（P181参照）。いったん侵入されてしまうと相手の左腕の力が強くなるので、脇をすくわれることを防ぐのが難しくなる。

▶パターン1 右肘で相手の左腿を押して膝まで抜く

1 相手の左腕を防衛ラインの外で止めている状態。自分の右肘は自分の右腿の根元に密着させる。

2 右脇を強く開き、右肘で相手の左内腿に力をかけて相手の足をどかす。右肘は腿に密着したまま。

3 膝まで抜けた。これ以上肘で相手の腿を押せないのでこの工程は終了。右手は左手を抑えたまま。

4 右肘と右膝を密着させることで、相手はこちらの腿を再びからめることができない。

▶パターン2 右肘で相手の左腿を止めて左足で腰を遠ざけて抜く

1 相手の足の力が強く、右脇を開ける力だけでは相手の足をどかすことができない場合は。

2 左足を使って膝まで抜く。まず左膝を曲げて左爪先を左尻の近くに持ってくる。

3 左爪先で床を蹴る力で移動する。右肘は相手の左内腿を止めて、追ってこれないようにする。

4 膝まで抜けた。移動するときは左肩を重くして左腰を浮かす。相手は苦しくなるし自分は動きやすくなる。

185

抑え込み編
3章 ハーフガードの攻防

足を抜き切る方法 ― 膝を乗せた後のブリッジの対応

技のポイント ▶▶▶ 右膝が抜けたら左膝を相手の腹に乗せる

1 膝まで抜けた状態。このままでは次の行程にいけないので左膝を相手の腹に乗せる。

2 左膝を曲げ左爪先を相手の左尻に近づける。

3 両爪先で床を押して腰を浮かす。肩にかけている重さは減らさず、むしろ増すように。

4 左膝が入る空間ができたら、右爪先と左肘に体重を乗せ、左爪先を浮かすと膝が相手の腹に乗る。

5 左膝を相手の腹に乗せ、足を抜く足場にする。一見ブリッジに弱そうに見えるが心配は無用。

ブリッジ＝からみはほどける
6 相手が両足でブリッジをしてきたらむしろラッキー。右手と左肩と左膝を重くしたまま右足を大きく回す。

7 相手が返そうとする方向に右足をつけば返されることはない。大胆に右足を大きく回すこと。

8 体重をかけているのは左肩と左膝。右足で床を蹴ることで、スネで相手を小突く力を作る。

9 相手が力尽きたら右手で相手の腰をすくう。ブリッジが強ければ左爪先で相手の右膝裏を蹴る。

10 腰をすくったら左膝は腹からどかして床につける。自分の頭も重くして相手をこちらに向かせない。

11 両足で床を蹴る力を使い、右脇を開けることで相手を向こうに向かせ、完全に腰を制する。

12 写真8の時点で左腰や左足を床につかないことと、右足は伸ばす力をかけ続けることが大事。

✗ NGムーブ ▶▶▶ 相手のブリッジを体重で止めないこと

写真8では、左肩を相手の頬に当てているだけで胸と胸は密着していない。写真右のように人は人を乗せてブリッジできる、つまり体重でブリッジは止められない。胸を合わせて体重をかけてブリッジを止めようとしても崩されるだけ。

✗ NGムーブ ▶▶▶ 左尻や左足を床につかると返されやすい

写真8のとき左尻を床につけていると、左膝が軽くなるし左尻を中心にして転がりやすい。努力して相手を止めたい気持ちはわかるが、単に右足を遠くにつけるやり方の方が股を開く力も利用できるしバランスがいい。

足首まで抜く方法

足を抜き切る方法

股を開く力を利用して足首まで抜く

1 左膝を相手の腹に乗せることで足を抜く足場にする。相手がブリッジをしない場合、能動的に足を抜く。

2 股を開く力を使って、右足を足首まで抜く。右膝を天井に近づける力をかける。これでこの工程は終了。

3 ただし相手の足のからみが弱ければ、そのまま足首まで抜けることもある。右足裏を天井に向ける感じ。

4 足が抜けたら前頁と同じ要領でバランスをとって抑える。

▶ポイント1 足首まで抜く場合の力のかけ方

左写真の矢印方向に力をかけて足首まで抜いたら、右写真の矢印方向に力をかけて足首を抜く。左すねで腿の付け根を押すように。

▶応用テクニック 相手の力が強い場合は左足で遠ざかる

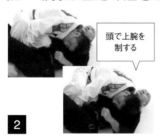

1 相手のからみが強く、股を開く力では足首までも抜けない場合、P185パターン2と同じ足の力を使う。

2 右膝をがに股にして、相手の股と自分の右すねの間から手を入れて相手のズボンをつかむ。（頭で上腕を制する）

3 右手はP193の要領で相手の腰を制する。左膝を曲げて左爪先を左尻に近づける。

4 右手で相手の腰を止めたまま、左膝を伸ばして遠ざかると足首まで抜くことができる。（この動きをすると左肘は相手の腹の上からどく）

▶ポイント2 左膝が腹から離れたら急いで直交する

（互いの中心軸が直交している）

左足を遠ざけることに使うときの体勢。自分の身体は右肩と右腰が天井を向いて、相手と自分の身体は直交していることに注目。

✕ NGムーブ ▶▶▶ 身体が平行に近いと返されやすい

（角度が小さい）

左膝が相手の腹に乗っていない状態で互いの身体が平行に近いままだと返されやすい。直交すれば自分の体がつっかい棒になる。

抑え込み編
3章 ハーフガードの攻防

足を抜き切る方法 — 爪先まで抜ききる方法

ここまでで足首まで抜くことができたので、
次は爪先まで完全に足を抜き切るポイントについて解説する。

ここが足抜きの最終段階。足首から下は踵や爪先など出っ張りが多く、相手もそれらを手がかりにして強く足をからめてくるので、それらが引っかからないように抜く技術が要求される。

また、足が抜ける瞬間は相手が足をからめることができなくなると同時に両足が自由になるということでもあるので、相手は両足を使ってフルパワーでのブリッジ返しを狙ってくる。この瞬間はこちらもまだ抑え込みの形が完成していないので非常に返されやすい。こうしたことに気をつけてパスガードの最終プロセスを完成させる。

▶パターン1 **マウントに抜く**

79ページ

▶パターン2 **腰を切る**

81ページ

▶パターン3 **股を制する**

83ページ

▶パターン4 **片足を引っぱる**

84ページ

抑え込み編
3章 ハーフガードの攻防

足を抜き切る方法 ## マウントに抜く方法1

▶パターン1　頭をついてバランスを取り、足を抜いてマウントへ

左手で膝を押されると再び腿をからまれる

1 足首まで右足を抜いたら、右手で左脇をすくい右膝を相手の左腰近くの床について体重をかける。右膝で床を押す力で左脇を開けさせる。

2 自分の両手は組む。頭を遠くについてバランスをとりながら左肩に体重をかけて相手の頬を圧する。左足甲を相手の右内腿に当てる。

右膝と右爪先を浮かすと左足甲が重くなる

3 左足甲が内腿に当たったら、右膝と右爪先を床から浮かして両足をがに股にする。これで相手の足を広げる力をかけて足を抜いていく。

4 相手の足の力が強ければ、高く上げた腰を落下させる勢いも使って相手の足を広げさせる。必要であれば何度でもこの動きをする。

5 相手の内腿に当てた両足甲を重くして相手の両足を開かせる。

6 両足を回して相手の足から離し、完全なマウントに。写真2からここまで胸は密着させず、肩を重くして相手の頬を圧するように。

❌ NGムーブ ▶▶▶ 両膝を伸ばすと両足をからまれてしまう

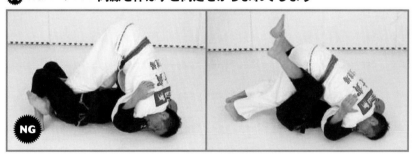

写真3-5の状態で、両膝を伸ばしきると両足をからまれてしまう。両足をからまれるとパスはできないし逆に攻められてしまう。両足をがに股にして膝と膝を遠ざけておくと、両足同時にはからまれずらくなる。また、相手の顔を左に向かせていれば左足はからまれづらく、右足はからまれやすいことも理解する

▶パターン2　左足甲が当たらないときは足裏で蹴って足を抜く

1 相手の足のからみが上手く、左足甲が相手の右内腿に当たらない場合。

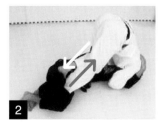

2 左爪先で相手の右腿付け根を蹴って腰を高く上げる。腰と腰が遠く離れれば足は抜ける。

3 左爪先で腿のつけ根を蹴っていれば両足ともからまれることはないので、左膝は遠慮なく伸ばしていい。

4 足を抜いてマウントに抑える。頭と左肩と左足でバランスをとるのが少し難しいので中級者向き。

抑え込み編
3章 ハーフガードの攻防

足を抜き切る方法 — マウントに抜く方法2

▶パターン3　相手がブリッジ返しにきたらむしろ大チャンス

1. 足抜きの最終段階。相手は足が抜けた瞬間に起死回生のブリッジ返しを狙っている。
2. 相手がブリッジで返しにきたら、慌てず騒がず体重を左肩と頭にかけて両足を自由にする。
3. 足を左右に大きく開いてブリッジを止める。写真2で足に体重がかかっているとこの動きはできない。
4. 相手がブリッジを止めたら正座して抑える。お互いの身体の中心軸が近づくと返されるので少しずらす。

✕ NGムーブ ▶▶▶ ブリッジを止めた後、ずっと足を伸ばしたままだとまたからまれる

写真3でずっとそのままだと相手が足をからめてくることがある。

写真3の時点で相手がブリッジを止めて足をからめにきたら、素早く足をたたんでからまれないようにする。このときも相手の左手に右膝を押さえられるとからまれやすいので、相手の左脇を開けさせておくこと。

▶応用テクニック　腰を切る場合は両脇をすくって足を抜く

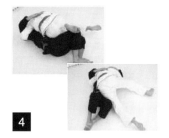

1. 相手の足のからみが上手く、相手の右腿に左足甲も足裏も十分に当てることができない場合。
2. 相手の首をすくっていた左手を放して相手の右脇をすくう。このときバランスに気を付ける。
3. 左膝を相手の腹の前に突っ込んでいく。相手の腹の前で両膝を床につく感じ。
4. 左すねで相手の腿を圧しながら右足を抜く。左足は甲を相手の右腿に当てていればからまれない。

5. 両腕で両脇をすくったまま抑える。自分の両脇は大きく開けて相手の両脇を開かせておく。

✕ NGムーブ ▶▶▶ 首を抱えた袈裟固めだと逃げられやすい

左手で相手の首をすくったままでも上記の方法で足は抜けるが、袈裟固めになってしまうので逃げられやすいしバックをとられる恐れもある。

腰を切る方法1

足を抜き切る方法

⚠ 技のポイント ▶▶▶ 相手の両膝を手前に向かせてから腰を切る

1 足首まで抜いた状態。横四方固にいく場合は、相手の両膝を自分の方に向かせる必要がある。

2 相手が左膝裏でこちらの右足甲を挟み、相手の左足甲を相手の右膝裏でロックしてくることがある。

3 これで膝を左側に向けられると、こちらの足は抜けなくなってしまう。

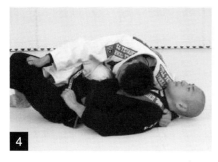

4 相手の膝を自分の方に向かせるため、まず右手で相手の左膝をつかんで自分の方に引く。

5 左膝を相手の右腰骨に強く当て、腰を遠ざける力を使って相手の膝をこちらに向かせる。

6 左膝で相手の腰骨を強く小突くことが必要。ここを支点に相手の膝の向きを変えられる。

7 相手の膝をこちらに向かせたら腰を切る。まず右手で脇をすくう右手の平を床につける。

8 右手と両爪先に体重をかけて腰を浮かす。一瞬左肩のプレッシャーが弱くなるがやむをえない。

9 素早く腰を切って（相手に胸を向ける動きを本書では腰を切ると呼ぶ）右膝を床につける。

10 左足を伸ばして身体を安定させて、下のポイントのように相手の上半身を再び固め直す。

▶ポイント1 上半身を固め直す

腰を切るとどうしても上半身の固めは緩む。緩ませないと腰は切れない。両手の力で一度下がってからずり上がり相手を固め直す。

▶ポイント2 身体を反らせて圧力をかける

左写真のように身体が丸まっていると圧力がかからない。左手を引きながら身体を反らし右胸や右脇腹を相手に強く押し当てて圧力をかける。

抑え込み編
3章 ハーフガードの攻防

足を抜き切る方法 — ## 腰を切る方法２

❌ NGムーブ ▶▶▶ 動作が遅かったり手順を飛ばすと固いガードに戻されてしまう

足首まで抜かず、膝を抜いただけで腰を切ると、腰を切ったときに右膝が床につかず右手で押されて再び腿までからまれてしまうことがある。相手の力が弱ければこれで床につくこともあるが、右膝を確実に床につけるために足首まで抜いて腰を切ったほうがよい。

前頁の腰を切る手順の写真８→９の動作が遅いと、この瞬間は相手にプレッシャーがかかっていないので足裏や膝を腰に当てられてしまう。腰の浮かしは必要最低限にして右膝で相手の右そけい部をこするようにして素早く右膝を床につけること。

❗ 技のポイント ▶▶▶ 爪先まで抜ききる方法

１ 相手の組んでいる足の隙間の形と自分の足首から先の形を合わせる（右下NGムーブ参照）。

２ 左足で床を掻いて矢印方向に移動することで腰と腰の距離を遠ざけて足を抜く。

３ 相手の足のからみが強ければ、左足で相手の左膝を蹴ることでからみを弱めて足を抜く。

４ 相手の足のからみがとても強かったり、足腰の動きがよくて距離をとって足を抜くと膝を入れられそうなときは、尻を相手の腿に押し付ける。

ブリッジに備えて右手はいつでも出せる状態に

５ 左足で床を押す力で尻を相手の腿に押し付けながら右膝を伸ばすことで腰と腰が近づいた抑え込みを作ることができる。

踵も爪先も引っかかっている

NG P191ポイント１写真右のように、自分の足の形と相手の足の隙間の形が同じにならないと抜けない。

足を抜き切る方法 — 腰を開く方法1

▶パターン1　腰を開いたまま相手の腰を制して足を抜く

1 腰を切って抜く方法はやりやすいがスピードが必要。また胴が太い人はやりづらいことが多い。

2 P187の下の方法と同じく右手を入れ相手のズボンをとる。握る位置は正中線付近がよい。

（右腕も右足も伸ばす）

3 脇を開けるように右腕をねじって伸ばすと相手の腰を制せられるのでブリッジを止めやすい。

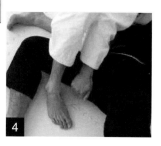

4 P142と似てるがエビを封じるには右足付け根、ブリッジには正中線付近をとるのが効果的。

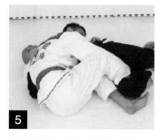

5 P187の下の方法で足首まで抜いたらこの体勢。頭で相手の左力こぶ付近を止めて左腕を制する。

6 左爪先を左尻に近づけ、腰と腰を遠ざける準備をする。もしブリッジをされたら右足を後ろに回す。

（ここまでは右足は伸ばしたまま）

7 左爪先で床を蹴って腰を遠ざける。左肩と左爪先を重くして腰を浮かすと簡単に移動できる。

（左爪先が当たったら右足を曲げる）

8 左爪先が相手の右膝頭に当たるまで遠ざかる。当たったら左膝を伸ばし腰を極限まで遠ざける。

9 右爪先や踵を適切な方向に向け、踵や爪先が相手の足に引っかからないようにして、下のポイントの動きでくるぶしまで抜く。

10 くるぶしまで抜けたら右足を大きく後ろに回し爪先を抜ききる。相手がブリッジをしてきても右足と右腕の力で止める。腰は浮かすような気持ち。

❌ NGムーブ ▶▶▶ 爪先や踵が引っかかると抜けない

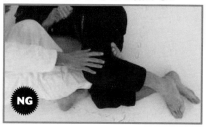

爪先が天井を向いていると引っかかって抜けない。両足の爪先とも床に平行にする。

▶ポイント　足首を曲げ伸ばしすると足は抜ける

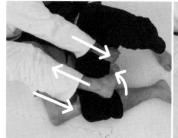
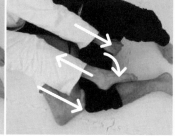

爪先と相手の腿を平行にしたら引っかかるのはくるぶしだけ。左足は伸ばし右足は引いて足を抜く圧力をかけたまま、右足首を曲げ伸ばしするとくるぶしは抜ける。

❌ NGムーブ ▶▶▶ 腰と腰が近いと返されやすい

腰と腰を近づけたまま股関節や膝関節を曲げ伸ばしして足を抜こうとすると返されやすいし、上半身の固めも弱くなる。

> 抑え込み編
> 3章 ハーフガードの攻防

足を抜き切る方法 — # 腰を開く方法2

▶パターン1 腰を開いたまま相手の足のからみをゆるめて足を抜く

1

P191のやり方で相手の両膝をこちらに向かせたらそのまま使える足抜きの方法。

2

左爪先が相手の右膝頭に当たるまで、左足を使って腰を遠ざける。

3

左爪先で相手の右膝を蹴り右手で相手の左膝を引く。足のからみの空間が大きくなる。

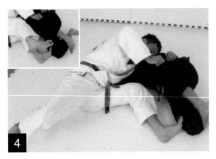

4

右手と左足の力はそのまま、右足を抜いたら大きく回して背後の床につく。

5

固い抑え込みに変化するために、右足で床を蹴る力を使って右手を伸ばす。

6

相手の左膝を床につけさせるくらい押す。これで相手はエビができなくなる。

7

正座をするように右膝を相手の腰に当てる。膝が当たるまで右手で相手の左膝に体重をかける。

8

右手で相手の右腰をすくって抑え込む。相手の脇が空いていれば左脇をすくってもよい。

写真4のとき相手がブリッジをしてきても、右手で相手の左膝を引いているので返されない。

❌ NGムーブ ▶▶▶ 腰と腰が近いと返されやすい

NG

相手の両膝を押してもからみは弱くならない。もし足が抜けてもブリッジ返しに弱い。

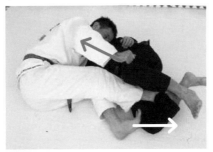

相手の両膝を広げさせる力をかける。ただし足の力が強く腕の力では広がらないときは場合はP197の方法に変化した方がよい。

ハーフガードからの反撃・防御について

P174にある狭義のハーフガードの体勢になると、下からの反撃や防御は難しくなる。
しかし、適切な手順を踏めばさまざまな形で対応できる。ここでは大賀が得意な下からの反撃法を紹介する。

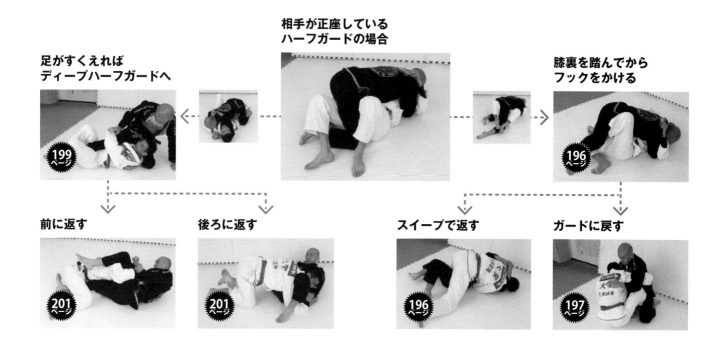

上の人間が正座しているか腰を開いているかによって、対応が違うところもあるし似たところもある。自分なりにそれを整理して対応すること。ここのフロー図にはないが、相手が腰を開いていてもディープハーフガードにいけないことはない。動画で少し触れているのでご参照のほど。

抑え込み編
3章 ハーフガードの攻防

ハーフガードからの反撃・防御 — # フックを引っ掛けてスイープへ

技のポイント ▶▶▶ まずは非常に足が抜きづらくなる「ふみふみガード」を作る

1 相手が正座をしてこちらの上半身を固めている場合、単に足をからめるだけでは抜かれやすい。

2 まずは相手の足を足裏で踏むとともに両腿で相手の腿を挟む。尻を浮かすと足裏が重くなる。

3 踏む部位が踵に近いと抑える力が弱い。歩くようにふみふみして足裏を相手の膝に近づける。

4 相手の膝裏を踏んだらもう安心。自分の膝と膝を近づけ、足裏を重くするために腰を少し浮かす。

5 位置が悪い例。身体が相手の身体の真下にないと足裏で相手の膝裏に体重をかけられない。

6 両足裏と肩で腰を浮かして腰を相手の左膝に近づけると足裏が非常に重くなる。（膝が悪い相手にはやらない）

技のポイント ▶▶▶ フックをかけたら腰を浮かせてスイープへ移行

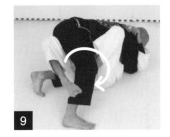

7 主に右足裏に体重をかけ、左足裏は膝の外側に軽く当てておく。

8 相手は足を抜くために、必ず右膝を床から浮かせてくる。

9 右足で相手の足を止めたまま、左足を回して右膝裏にフック。

10 まずひと安心だが、このガードをパスする方法もあるので次の展開に。

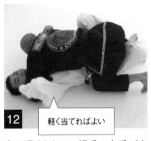

11 相手が左手で首をすくっていて、左膝に体重が乗っている場合。

12 右に返すときに、相手の左手が出ないように右腕で止める。（軽く当てればよい）

13 右足で床を蹴りながら左足で相手を跳ねる。足を開く力を使う。

14 相手を返す。左手は引き付けた方が胸が密着して返りやすい。

抑え込み編
3章 ハーフガードの攻防

ハーフガードからの反撃・防御 ― # フックを引っ掛けてガードに戻す

🛈 技のポイント ▶▶▶ バランスをとってスイープを防がれたらガードに戻す

1 相手が左手、左足裏、右膝などを床について前頁のスイープを防いでくることがある。

2 バランスをとられると返せないので、せめてフルガードに戻す。

3 右足で床を蹴りながら左足を相手のそけい部に当てて相手を真上に跳ね上げる。

4 「寝技の学校＜引き込み編＞」のP80の要領でガードに戻す。

5 写真4の時点で、相手が上級者だと左手でこちらの右膝をつかんで倒立パスをしてくる。

6 左脇をすくわれているこのガードでは倒立パスは防御できないので絶対つかませないこと。

▶ポイント1 相手を跳ね上げる方向に注意

腰も浮かす

写真3で相手の腰を左足で持ち上げている。重くて持ち上がらないと言われることが多いが、相手の重さは相手の左肩にかかっているので重いことはないはず。写真のように、相手の肩の上に腰がくるように力をかければいい。

❌ NGムーブ ▶▶▶ 上がらない方向に上げようとしない

NG

相手はこちらの上半身を固めているので左写真のようには持ち上がらない。このように上げようとしても物理的に無理。

▶ポイント2 相手が腰を開いていても足裏を当てるふみふみガードは有効

相手が左腰を床につけている場合でも、左写真のように単に両腿で相手の腿をからむ方法より、右写真のように右足裏を相手の膝裏近くに当て、腰を浮かして両腿で相手の右腿付け根付近を挟む方法は、相手が足を抜きづらくなるので非常に有効。もちろん、ここからP196～198の攻めにも変化できる。

197

抑え込み編
3章 ハーフガードの攻防

ハーフガードからの反撃・防御 — # ハーフガードで腕をとれたら

▶パターン1 腕を取って右にブリッジをして返す

1. 相手が上半身を固めて、腰を開いてきた場合。
2. 相手の右腿のより付け根に近いところをからんだほうが足は抜かれづらい。
3. 左右の足で交互に相手の足を止めて、より深くからんでいく。ふみふみガードを作ってもいい。
4. 腰を相手の左腿の上に乗せ、腰と腰を近づけるともっとも深く足の付け根をからめられる。

5. この状態で相手が足を抜くために右手で左膝を押してきたら大チャンス。
6. 右手で相手の右手首をつかむ。肘近くをつかむと、腕を伸ばされて外されるので注意。
7. 相手が腰を開いたままであれば、ブリッジして返す。左腕は相手を抱えて胸を密着させる。
8. 上になって攻める。相手の背中が床に密着する前に右手を抜くことが大事。

▶パターン2 右ブリッジを防いできたら左に転がして返す

1. 上の写真6の時点で、相手が返されることを察知し、正座して体重を右にかけて防いできた。
2. 右に返らないので左に返す。相手が指を床についたら危ないので途中まで手で相手の指を止めておく。
3. 相手が横転した時点で右手を抜くことも大事。さもないと抜けなくなる。
2. 写真2の動きはブリッジというより、腰を浮かして相手の左膝に近づける。そうすると自然に転がる。

右手が届かなければ左手で補助をする

1. 右手が相手の右手首に届かなければ、左手で相手の右手をつかんで押し込んで届かせる。上はこのようにされることを防ぐため、P185のように肘で膝を押したほうがいい。
2.
- 右手が届かなければ、効果は薄れるが道衣をつかんでもいい。
- (NG) 相手の膝近くで足をからめていると右手が相手の腕まで届かない。

抑え込み編

3章　ハーフガードの攻防

ハーフガードからの反撃・防御 — **ディープハーフガードへの変化1**

❗ 技のポイント ▶▶▶ 右手で相手の左膝がすくえたらディープハーフガードに変化して攻める

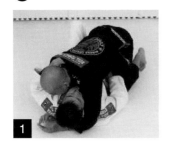
1 正座している相手の左膝をすくいにいく。左手は相手の首の真後ろの襟を強く握る。

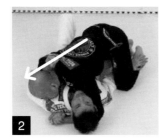
2 右手を深く差し入れ、手首付近を相手の膝裏にかける。左手は相手を矢印方向に吊り上げる。

3 右腕をより深く差し、右肘付近を膝裏にかける。両足も使って相手の膝と膝が遠ざかるように。

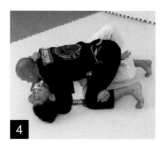
4 あごを上げて左上を見る。必要があれば足のからみを変えて、右足を相手の右足にからめる。

5 右足で相手の足を封じたまま、左足を振り上げる力で腰を浮かしにいく。

6 腰を浮かせながら両手両足を使って相手を前にのめらせる。右脇を広げる力を使って左を向く。

7 身体が左を向くまで、必要があれば何度も写真5と6の動きを続ける。

8 右腕と頭で相手の左足を制し、左手と両足で相手の右足を制している。

❗ 技のポイント ▶▶▶ 腰を浮かすことで相手の身体をあおる

1 上の写真3を別角度から。相手の両膝を開かせることで相手は前に重心がかかっている。

2 顔を左に向けて身体の回転を先導する。自分の足はからんでいると左足を振れないのでほどく。

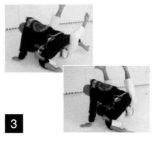
3 腰を浮かすことで相手があおられ、身体を左に回転させることで相手は前に押し出される。

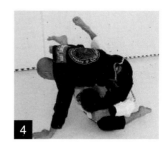
4 右手を自分の後頭部まで持ってくる。後頭部、後首、右腕が相手の左腿に密着するようにする。

5 完全に自分の身体が左を向いたら、左手を放して相手の右足を抱える。

6 写真3での左手の使い方。相手を真上方向と頭方向に崩すため、写真のように斜め上に腕を伸ばす。

❌ NGムーブ ▶▶▶ 左を向いてガードを完成させる

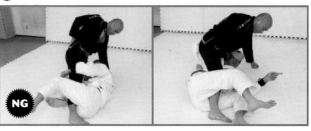

左写真のように右を向いたままでは、一見もぐっているようでも相手に攻められてしまう。右肩と右腰が天井に向くまで身体を左に転がす。

199

抑え込み編

3章 ハーフガードの攻防

ハーフガードからの反撃・防御 — **ディープハーフガードへの変化2**

▶一人ムーブ　ディープハーフガードの入り方を見やすい状態で説明

1
右手で相手の左足をすくった状態。左手は相手の右肩越しに奥襟をとる。

2
左腕で相手をかち上げると同時に、右手を後頭部に当て、両足を伸ばす。

3
腕の力はそのままで、右足は相手の右足を封じながら、左足を振って腰を浮かす。

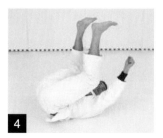

4
身体を丸くして腰を浮かす。足は自分の頭の真上に来て足裏は天井を向く。

5
必要があれば何度でも繰り返して腰を浮かすことで相手をあおって崩す。

6
肩で逆立ちして足裏をできるだけ天井に近づける。この形を作る力をかけると相手は崩れる。

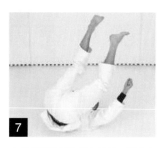

7
十分に腰を浮かせた後は、肩を中心に左腰が床につくように倒れていく。

8
左を向いた状態で床についたら、ディープハーフガードになっている。右肘は天井を向いている。

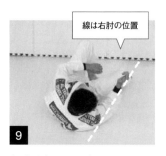

線は右肘の位置

9
相手が強かったり重かったりしたときの身体の動き。右腕をフルに使う。

相手の腰の位置も表している

10
相手がいると肘で床は押せないが、相手の左足に力をかけることで自分の身体を動かす。

11
腰を浮かすことと右肘で床を押す力を使って、身体全体を浮かせながら、

線を越える＝もぐれた

12
右肘で床を掻い込む力を使って、右方向に身体全体を移動させる。線を身体が越えるように。

✕ NGムーブ ▶▶▶ 相手の左足を止めておかないとまたがれて攻められる

NG
ディープハーフガードに入るとき、自分の右腕、首、頭を相手の左腿に密着させておくこと。さもないと頭を左足でまたがれてしまう。

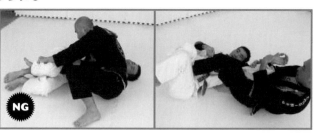

NG
またがれてしまうと、逆足ハーフの形で上半身を固められて攻められたり、最悪の場合左腕の関節をとられてしまう場合もある。

抑え込み編
3章 ハーフガードの攻防

ハーフガードからの反撃・防御 — ディープハーフガードからのスイープ1

▶パターン1　相手の両腕を制して後ろに返す

1 ディープハーフガードからのスイープは様々な種類があるが、ここでは2つ説明する。

2 相手の両腕を制したいので、左手で相手の左袖口をとって右手に渡す。

3 右手は相手の腿を抱えていて動かせないので左手を使って相手の左手を制する必要がある。

4 相手は右手でこちらの左膝をとっていることが多いが、これを切って左手で袖口をとる。

5 相手の右袖を引き付けることができたら、相手はつっかい棒を出せないので返しやすい。

6 相手に返す力をかけるため、左足を使って腰を移動させる。詳しくは 動画 を参照のこと。

7 足を振って相手を返す。足を振った後、足が床につく前に×地点に爪先を持ってくること。

8 ×地点に爪先があると、足で床を蹴る力を頭で相手の下腹に伝え、後ろに倒すことができる。

8 この系統のスイープは相手が左足首や左膝をひねって負傷しやすいので気をつける。

▶パターン2　相手が体重を前にかけてきたら前に転がす

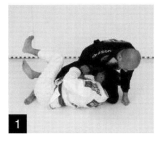

1 上の写真7で相手が前に体重をかけ、後ろに返されることを防いできたと察知したら。

2 相手を前に返すことに技を変更する。左に足を振ることで左に身体を回転させる。

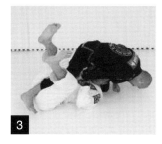

3 左手で相手の右袖をしっかり引き付けておくと、相手は右手を出せないので防げなくなる。

4 相手は右肩から転がる。肩を床に強打すると危ない。転がす角度に気をつけるように。

201

抑え込み編
3章 ハーフガードの攻防

ハーフガードからの反撃・防御 — # ディープハーフガードからのスイープ2

❌ NGムーブ ▶▶▶ 腕を極めにきた相手に頭をまたがれると抵抗できなくなって一本とられる

ディープハーフガードに入るときに左腕で相手の奥襟を吊り上げるが、相手が腕でこちらの左腕を抱え、頭を床についてバランスをとり、左腕をストレートアームバーで極めにくることがある。左足で頭をまたがれると相手の体勢が十分になり極められてしまう。

❗ 技のポイント ▶▶▶ 相手は腕を出せないのでスイープのカウンターをとる

1 相手がこの技にきたら、右腕と頭で相手の左腿を止めて頭をまたがれないようにする。

2 左足だけを相手の足にからめて右足を自由にする。右手は相手の腿の横のズボンをつかむ。

3 右手で相手の腰を天井方向に持ち上げて空間を作り、右膝を相手の右内腿下に入れる。

3' 別角度。左手で相手の奥襟を力一杯握りながら脇を締めることで極められることを防ぎ続ける。

4 右膝が入ったら相手の腰を持ち上げて返すことができる。左足は相手の右足を刈るようにする。

5 相手は両手を出せないのでスイープを防げない。右肩を床について転がっていくはず。

7 自分は床についた左肘を中心に回転して起き上がる。右手を相手の左腿に引っ掛けておくと、転がる相手が引っ張ってくれるので自然に起きられるはず。左腕の力をゆるめると頭をまたがれなくても極まってしまうことがあるので全力で防ぐように。

▶抑え込み編
THE SCHOOL OF NEWAZA

4章

抑え込みの方法

相手の足を越え、背中をつけさせて、完全に相手をコントロールしている状態——
まさにパスガードの最終形、抑え込みについて解説する。
ここで紹介する抑え込みの形は、上四方固、変形崩上四方固め、変形崩袈裟固め、そして横四方固め。
それぞれ、体重のかけ方、バランスの取り方、相手の抵抗への対処の仕方などを学んでいく。
これを学んでいくことで、下からの脱出方法についても理解していってほしい。

抑え込み編
4章 抑え込みの方法

上四方固

相手の両腕を制してお互いの身体を一直線にして固める。抑え込みの原理を習得するのに最適。

両手で相手の帯の結び目付近を握り、足を広げてお尻を浮かしてどちらかの肩で相手の下腹を圧迫する。頭は左右どちらかに少しずらす。両脇は締めて相手の両腕の自由を奪う。相手の肘の角度が直角より小さくなると相手が手でこちらの肩を押して逃げてくるので、両肩で相手の前腕を押して相手の肘の角度が直角より大きくなるようにする。肘の角度が直角より大きくなると相手は両腕を有効に使うことができなくなる。爪先で床を押すと肩がより重くなると同時にバランスがとれる。胸と胸を合わせて押えるやり方もあるが、大型選手向きで大賀は使わない。

❗技のポイント ▶▶▶ 相手の頭は常に自分の足の間にあるようにする

1. 相手が両足で床を押して頭を左足の外に出そうとしてくる。
2. このように頭を完全に出されてしまうと、逃げられてしまう。
3. 相手の身体が動いてきたら自分も動く。
4. 腕の力も使いバランスをとって動くとこちらの方が早く動ける。

ブリッジをされたら不要な箇所の密着を外す

1. 相手が向かって左にブリッジした場合。相手の右肩だけ抑える。（見やすいように左手を離している）
2. 左胸は離す。左手で帯を引く力と左足の力で右肩に圧力をかける。
3. 相手が逆にブリッジをしてきたら逆の形を作る。頭も動かす。
4. 矢印の場所・方向に相手を押すと効率よく相手を止められる。

❌NGムーブ ▶▶▶ 両胸を密着させたままでは返されやすい

1. 通常は相手に両胸を密着させて抑えている。
2. ブリッジされても両胸で抑えたままでいると返されてしまう。
3. この場合、左胸を密着したままでいるのがミスポイント。
4. 相手は変化してくるので、こちらも変化をすることが重要。

変形崩上四方固

簡単で疲れにくく実戦でも非常に役立つ抑え込み

左腕を止める。左肩を固める必要はない

前頁の上四方固は相手を固めやすいが、実戦で相手の両腕を抱えられるチャンスはあまり多くない。この抑え込みは、相手の片腕だけを抱えて抑える形なので実戦で使う機会も多く、そのまま腕関節をとりやすい。

左手で相手の左横帯を取り、頭を床につけることで相手の左腕を制し、右手で相手の右脇をすくい相手の右奥襟を逆手でとる。右膝は相手の右首横の床につき、左足を伸ばして床を蹴る力で右肩を重くし、相手の下腹を制する。

❌ NGムーブ ▶▶▶ 頭が床から離れると相手の左腕が自由になって逃げられる

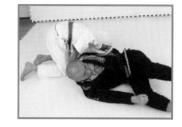

頭が浮くと相手の左腕が自由になり逃げられる。頭は体重をかけて床に押しつける。相手が高いブリッジをするとどうしても離れてしまうが、右側頭部を相手の腰に押し付けるなどして左腕を制し続ける。

見やすいように右手を放した写真。左腕を制していれば逃げられない。

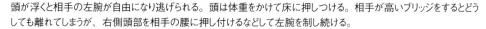

⚠ 技のポイント ▶▶▶ 右膝の密着で相手の頭を逃がさない

右膝を床について相手の右首付け根に密着させておく。それが壁になって相手は頭を外に出すことができなくなる。

❌ NGムーブ ▶▶▶ 足と足の間から頭が出ると逃げられる

右膝が離れていると、相手の頭が外に出てしまって逃げられてしまう。

右手は相手の右奥襟を引き付ける。その力で相手の頭が左足の外に出ることを防ぐ。

抑え込み編
4章 抑え込みの方法

変形崩れ袈裟固1

とりあえず抑え込むことに最適の形

右手で相手の左脇をすくい、左手で相手の奥襟をとって、右腰を床について相手を抑える形。相手の首も肩も固めておらず、相手の動きに応じて変化して首や両腕の動きを制して抑える。

実力が接近している場合、わずかの隙をとらえてこの形で抑えることが実戦では多い。また、力でなくバランスを取って抑え込む要領を身につけることにも非常に役に立つ抑え込みだ。抑え込んだ後は、相手の動きに応じてより強く首や肩を固めにいったり、ニーオンザベリーなどに変化することも必要だ。

✗ NGムーブ ▶▶▶ 右足が適切な位置にないとブリッジで崩される

この抑え込みでは、バランスをとるために右手と両足を適切な場所に置くことが必要。右足が適切な場所（×）にない場合、下の選手に矢印方向にブリッジをされるとその力を止めることができず崩されてしまう。下の選手は、相手にこのようなミスがあったら見逃さないようにする。

右足が適切な場所にあれば、床を蹴ることで相手のブリッジを止められる。左手で奥襟を引く力ももちろん必要。

✗ NGムーブ ▶▶▶ 左足が適切な位置にないと左斜め後ろに押し倒される

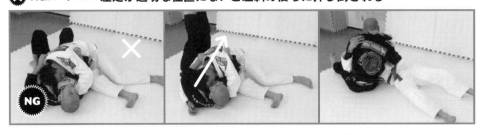

右足が適切な場所（×）にない場合。下の選手が、P145の要領で腰を動かし、足を振り下ろす力を使って起き上がってくると押し倒されてしまうことがある。P139の崩袈裟固の足の形はこの形と同じだが、P139の場合は、相手の腰の上に乗っているので相手の起きてくる力をかけられづらいという点が異なっている。

左足が適切な場所にあれば床を蹴ることで相手が起きてくることを止められる。上半身も少し重くすること。

✗ NGムーブ ▶▶▶ 左手で相手の背中を抱えてると巻き込まれてしまう

相手が横を向いたときに右手で相手の背中をしっかり抱いてしまうと、相手が上を向いたときに右手が床に挟まれて抜けなくなり、そのまま返されてしまうことも。右の写真のように相手の身体を肘で制するようにすると前腕が自由になるので、必要なときに床に手をついてブリッジを止めることができる。

右脇を締めて相手の腰を自分の右肘と右腰ではさむと、腰の動きも止められるし、前腕でブリッジも止められる。

抑え込み編
4章 抑え込みの方法

変形崩れ袈裟固2

✗ NGムーブ ▶▶▶ 頭を天井に近づけると体勢を崩されやすい

胸を張って頭を天上に近づけると、拳で鎖骨を押されたり左手で右脇をすくわれて逃げられやすい。大型選手向けの抑え込みの形。

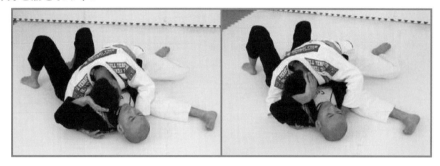

右こめかみを相手の右肩に近づけると、強く頭を押されないし、相手が左手で右脇をすくえなくなる。身体全体を床になるべく近づける。特に抑え込んだ直後は逃げられやすいので頭を上げないこと。ポイントをとってからポジションを変化する場合は頭を上げてもいい。

✗ NGムーブ ▶▶▶ 右腕を抜かれると逃げられる

右脇を開けていると、相手に右腕を抜かれてしまい逃げられる。ただし、ここからバックはとりやすい。

相手が右腕を抜いてきたら左脇を締めて防ぐ。右膝で相手の右肩を小突いて腕の動きを制限したりもする。

✗ NGムーブ ▶▶▶ 相手に右を向かれると逃げられる

右脇を締めてばかりいると、相手が右を向いて逃げてきたときに止めることができない。普段は自分の右脇はニュートラルな状態にしておいて、相手が右手を抜こうとしてきたら右脇を締め、右を向いてこようとしたら右脇を開けて動きを止める。

手首を返して相手の首を背けさせる

右を向いてきたら手首で頬骨を制して止める。P148パターン2と同じ。相手は右を向く動きと右腕を抜く動きを同時にはできないので、バランスを取りながら落ち着いて一つ一つ対応すること。

✗ NGムーブ ▶▶▶ 相手が動いたらこちらも動いて相対位置を変えないこと

「自分が動かないのがいい抑えこみだ」と思っている人がいる。

相手が動いてきても「ここから動くものか。自力で元の位置に戻してやる」と無駄に頑張る。

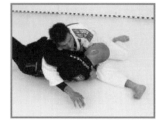

身体にどんどん歪がたまっていき、相手にかかる圧力がなくなってしまって逃げられる。

動かれたら体重をかけながら自分の足腰を軽くして移動。始めの相対位置を変えない。P211参照。

抑え込み編
4章 抑え込みの方法

横四方固 1

サイドポジションからの攻撃の起点となる抑えこみ

正中線が相手の肩の上

✕ NGムーブ ▶▶▶ 自分の正中線の位置に注意

正中線がみぞおちの上

自分の正中線が相手のみぞおちあたりにあると、相手の首を固めれない。P139のように腰を制するのであれば正中線をもっと腰に近づけて右足を伸ばす。中途半端な位置では首も腰も制することができず、相手が自由に動いて逃げられやすくなる。

P141の相手の首と腰をすくった抑え込みは、逃げられづらいが極めることはできない。実戦では、隙を見て右手で脇をすくってこの形を作り、必要に応じて形を変化させて一本をとることが多い。左肩で相手の頬に体重をかけるため、自分の正中線を相手の肩と肩を結んだ線と重ねるといい。右肘と右膝で相手の腰を挟み、右手の平は床につけて相手の左側へのブリッジに備え、左足は左方向に伸ばして相手の頭側へのブリッジに備える。写真では見えていないが、右踵と尻は密着させず遊びを作り、相手の右側のブリッジに備える。内に力を込め機敏に動ける体勢を作る。

▶ポイント1 横四方固めでの右腕の使い方

1
相手が左手で右脇をすくってきたら、右脇を締めて防ぐ。右肩も相手の身体に近づけるように。

2
必要があれば右肘を相手の脇近くに移動させて脇の空間を狭くする。

3
相手が左手で背中をとってきたらブリッジ返しが来るに決まっている。もう右脇を締める必要はない。

4
右脇を大きく開け右腕を床についてブリッジを止める。相手が左手を放したらすぐ右脇を締める。

▶ポイント2 横四方固めでの首の固め方

1
P178の要領と同じ。左肘で相手の後頭部を挟んで、右手を重くする。

2
左肘を左腰に近づけることで相手の背骨を曲げさせる。

3
肩の下に来た相手の頬に寄りかかると自然に体重がかかる。

横四方固2

❌ NGムーブ ▶▶▶ 左足を伸ばさないと相手の頭側のブリッジを止められない

相手が右前腕でこちらの左腰を押しているときや、相手の右腕が自分の右脇腹方向にあるとき。自分が正座をして右膝を床についていると、相手が相手の頭側にブリッジをしてきた場合に、それを止めることができず体勢を崩されて逃げられてしまう。

左足を相手の頭側に伸ばし床を軽く蹴ってバランスをとっていると、ブリッジに素早く反応して止めることができる。

▶ポイント3 相手の右腕を左腰ですくっていれば正座していてもいい

1 左膝を相手の頭につけるようにして相手の右腕をすくっている場合は——

2 相手がブリッジしてきても問題ない。右腕を伸ばして床につく。

3 右手で床を掻く力を使い、左膝を中心に身体を回転させる。

4 マウントに変化できる。上の例とは左膝の位置が違うことに注目。

▶ポイント4 右を向いてきたらバランスを崩して左肩を重くする

1 頬骨への圧迫が弱い場合、相手が右を向いて逃げることがある。

2 ややバランスが崩れるが、身体全体を左にスライドさせる。

3 重さは相手の頬にかかる。相手が変化してきたらすぐ元に戻す。

❌ NGムーブ ▶▶▶ 形を変えないと逃げられる

体勢を変えずそのままの形で止めようとしても無理。

▶ポイント5 相手がエビをしてきたら脇を締める力で隙間をなくす

1 左足でエビをして隙間を作られ、右膝を入れられそうになった。

2 右肘は重く右膝は軽くし、脇を締める力で右膝を相手の腰に当てる。

3 隙間がなくなったので、相手の右膝は入らなくなった。

隙間をなくするのが遅れると相手に右膝を入れられて逃げられる。

横四方固3

▶一人ムーブ　脇を締める力で膝を動かす一人運動

1 正座して両方の肘と膝をつける。右の肘膝と左の肘膝はなるべく遠ざける。背中は丸めずに伸ばし、胴体が床に平行になるように。

2 肘を動かして、肘と膝の間に隙間を作る。これは相手がエビをして相手の腰と自分の膝が離れた状態を表している。

3 身体を最低限前かがみにして、肘を重くすると膝が軽くなる。そこで脇を締めると膝が移動して肘に密着する。

4 肘と膝が密着した状態。右の肘と膝で相手の腰を挟み、左の肘と膝を相手の頭の下に入れて抑え込んでいる状態をあらわしている。

❌ NGムーブ ▶▶▶ 爪先で床を蹴ってはいけない

写真2のとき、爪先で床を蹴って膝を近づけようとしてはいけない。腰が高くなるし重心が上がって相手との密着が弱くなる。この動きでも肘と膝を近づけることはできるが、実戦では途中で相手に逃げられてしまいやすい。

❌ NGムーブ ▶▶▶ 相手がエビを連続したら右膝を動かすだけでは逃げられる

相手が何度もエビをしてきたとき。右膝をだけを動かして相手の右腰に当て続けても、最終的に逃げられてしまう。相手はエビを連発することで、身体全体の位置が変わっているのに、自分は右膝だけしか動かさないと「相手と直交して、自分の正中線を相手の肩と肩を結んだ線と重ねる」という最初の位置関係が崩れてしまう。また、右膝だけしか動かさないと自分の身体が歪んでしまう。このことで相手に圧力をかけることができず、隙間も作られて逃げられる。

抑え込みって相手を動けなくさせること？

理想の抑え込みとは「相手をピクリとも動けなくさせる」ことではない。そのような抑え込みはよほどの実力差や体力差がないと起こりえないことは少し考えればわかる。大賀が考える理想の抑え込みとは「ポイントだけを止めてバランスを取って相手の上に位置して、相手が動いてきたら必要があればバランスをとりながら変化して、相手の動きに応じて止めるポイントを変える」というもの。相手の実力が同じであれば動いてくるのは当たり前。必要なことは動かさないことではなく(ポイントを動かされてはダメ。ポイントは止めておく)、相手が動いてくることは当然のこととしてそれに備え、相手が動いてきたら落ち着いて対応することだ。

横四方固4

▶ポイント6　相手が動いても最初の位置関係を保持する

1 抑え込んだ形。そもそも右肘と右膝で相手の腰を挟むのはエビを止めるためでなく弱めるため。

2 足の力は強いのでエビをさせないというのは無理。エビをされたら右膝を動かして腰に密着。

3 右膝を密着させたら右爪先、左爪先など床についている部分を適切な位置に移動させる。

4 元の形に戻った。床に対する絶対位置は変わったが、相手と自分の相対位置は変わっていない。

5 相手がエビを連発しても同じように動いて相対位置を変えない。できればもっとよい状態に変化する。

6 慣れると右膝と同時に身体全体を動かせる。右肘、胸、左肩を重くすると他の部位は軽くなる。

7 相手に体重をかける部位を重くして動くと、相手は苦しいし、その他の部位は軽くなる。

6 その他の部位が軽くなると自分は楽に動ける。バランスをとって動く要領を身につけよう。

わざとエビを誘って極めることもできる

1 右腕で深く脇をすくうと、右肘で相手の腰を止められず、相手がエビをしやすくなってしまうが――

2 右腕で相手の左腕をホールドできていればわざとやらせることもある。左手と右足でバランスをとる。

3 エビをした相手は、横を向き、腰が近づいており、腕十字に行きやすい形になってくれている。

4 少し回るだけで腕十字がとれる。もし身体が直交していれば、270度回らなければいけなかった。

抑え込み編
▶ 4章　抑え込みの方法

鉄砲返し

抑え込まれた状態から相手を返して抑え込む技。スイープにはならないが、ベリーやマウントをとればポイントをとれるし、何より相手を攻め返すことができる。

❗ 技のポイント ▶▶▶ 巧みに相手と一直線になってひっくり返す

1
鉄砲返しは、相手が肩を固めて腰をすくってきたときが一番やりやすい。

2
左手は相手の左肩越しに相手の右腰に近い帯をつかむ。左腰に近いと力がかかりづらい。

3
右手は相手の右足付け根のズボンを逆手でしっかりつかむこと。

4
足を右に振って右を向きながら両手で相手を遠ざけるように押す。

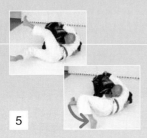

5
何度も足を振って相手と一直線に近くなるところに動く。相手を押して押し返してきたらチャンス。

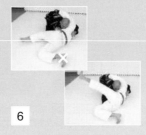

6
右足の形がポイント。×に足をつく。左足を伸ばして振り回して大きい回転エネルギーを作る。

7
右足を×についていたことで、身体が相手と完全に一直線になる。両手を効かせて相手を返す。

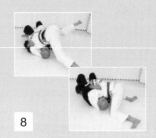

8
右足で床を蹴り放って上になる。いつまでも右足裏を床につけていると上になれないので注意。

両腕は鉄砲を天に向けて構えている形

写真7の左上時点での力のかけ方。右手を天井に突き上げて相手の下半身を持ち上げ、左肘は床に近づけて相手を転がす力をかけている。この形が鉄砲返しの名前の由来だという説もある。

❌ NGムーブ ▶▶▶ 相手と直交したままでは返せない

相手と自分の身体が直交したままでは、相手の身体を自分の身体越しに回転させるには大きな力が必要。もちろん胸板が厚くてブリッジも強く、ここからでも巧みに相手を崩して返す人はいる。

相手と一直線になれれば返すのにそれほど大きな力は必要ない。しかし相手もわかっているのでこの形になることが難しい。写真6のところでは右足の形を工夫し、一瞬で残りの45度ほどを回転させ、相手と一直線になっていることに注目して欲しい。

抑え込み編
4章　抑え込みの方法

[増補] マクロに相手を転がす（ローリング）

横に転がす

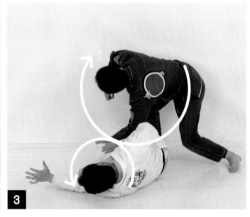

1. この体勢から即、相手を転がす力をかける。遅れるとガードを作られる。
2. 爪先から動かして身体の向きを変えると、体重が相手にスムーズにかかる。相手に寄りかかるように。
3. 身体を十分にひねって相手を見ない。左肘は天井に向けて、右肘は相手の右腿外に当てると自然な形になる。

✕ NGムーブ ▶▶▶ 視線と膝のつかみに注意

相手を見ていると、身体をひねることができない。

1. 右手で相手の左膝をつかみ続けると、
2. 相手は転がらない。身体を適切にひねると左肘も肩も床に近づくので防がれづらいはず。

覚えておきたい 技の豆知識　相手の身体全体の向きをコントロールする

　パスガードをする時に、相手の足をどかしながら自分が動くことばかりを考えてしまうことが多い。しかし、相手が十分な体勢で待ち構えているとそれが難しいと感じる人も多いだろう。もう一つ視点を増やしてみよう。パスをする側は、適切な体勢を作っている相手の「身体全体の角度や向き」を変えてしまうこともできるはず。ミクロに相手の足をどかしてパスすることだけを考えるより、マクロに、相手の体勢をこちらに有利になるように変えてから、うろたえている相手をゆっくり料理することを考えることができるようになるとパスガードの幅が広がるし、今までどうにもこうにも攻略できなかった相手への糸口が見つかるかもしれない。

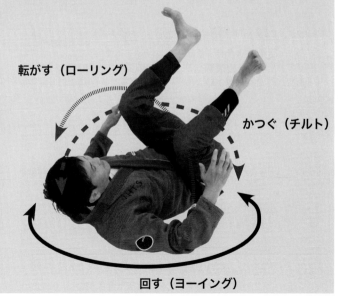

転がす（ローリング）
かつぐ（チルト）
回す（ヨーイング）

※転がす、回す、寝かす／起こすについては『大賀式　柔術術上達論』では厳密にローリング、ヨーイング、チルト（ピッチング）という言葉で定義しています。

> 抑え込み編
>> 4章 抑え込みの方法

[増補] マクロに相手を回す（ヨーイング）

両膝を取ってコントロールする

1 相手の両膝をつかみ、足を踏ん張る。両脇は開き気味にして肩を大きく動かせるようにする。

2 自分の頭が相手のみぞおちの真上にくるよう身体を乗り出す。両腕は相手の膝を押して相手の身体を丸める。

3 大きなハンドルを回すように両腕を動かして相手を回す。両足で踏ん張って床の反力を使う。

4 腕の力だけでは相手の体重をコントロールすることは難しい。足腰の力を腕に伝えることを意識する。

1 足が効く人は丸くなっているので、回しやすくなっている。

2 相手が足を伸ばしていたら、こんな手間は不要。足だけをどかせばよい。

✗ NGムーブ ▶▶▶ 間合いが大事

身長が高い人に向いた方法だと言える。

1 間合いが遠いと、相手を回す力をかけられない。

2 間合いが近すぎると、相手の足がひっかかって回せない。

▶パターン2 片膝、片袖を取ってコントロールする

1 現実はバカ正直に相手の正面から攻める必要はない。ステップとフェイントを使って相手の横に出る。

2 相手の同側の袖と裾を取れれば、相手を回すことが容易になる。右足を浮かすとより力をかけやすくなる。

3 右足で支えていた自分の体重を、相手の右袖を引くことに転用する。この場合は相手に寄りかかる。

4 右足を浮かして下げることで、相手の右足と自分の右足がひっかかるのを防ぐことができるので一石二鳥。

✗ NGムーブ ▶▶▶ 適切な間合いを取らないとダメ

回す系統は非常に効果的な崩しだが、位置取りが難しい。

近づけば袖や裾をつかみやすいが、相手の足がひっかかって回せない。

相手の足が引っかかった状態で袖をつかむとカウンターを取られやすい。

回す方法と転がす方法をフェイントを使って組み合わせることが必要。

抑え込み編
4章 抑え込みの方法

[増補] マクロに相手をかつぐ（チルト）

▶パターン1　両足を取ってかつぐ

1 足が効く人で、丸くなって足の裏が天井を向いていたら、かつぎが効果的。

2 相手の腰と胸をいきなり密着させることは難しいので、体勢を低くしてから相手のふくらはぎを押し込む。

3 相手を丸めたら、相手の仙骨と自分の胸部を密着させる。これで相手の足腰の動きが止まる。

4 真正面には押さない。相手が首を傷めないように、相手が左肩後転できる方向に足腰の力で押していく。

5 左腕を相手の右腰に回して、左肘と左腰で相手の腰をはさむ力をかけて動きを止める。

6 相手の右足をコントロールして、右足のシングルフックから段階的にバックを狙う。

▶パターン2　ズボンを取ってかつぐ

1 相手が足を大きく開いている場合は、両足を止めることは難しいので、相手のズボンをつかむ方法もある。

2 上半身をかがめて相手に足を当てられないようにする。左足を浮かせて右足に近づける。

3 左足は浮かせ、右足で床を蹴る力で相手を引き上げる。右足を伸ばして相手の右肩を自分の左爪先に引き寄せる力をかける。

4 左腕を相手の左腰に回して相手の腰の動きを止める。右手は相手の腰を押し込んで相手を転がし続けてバックを狙う。

❌ NGムーブ ▶▶▶ 身体の上下動が必要

突っ立ったまま相手をかつごうとしても有効な力はかけれない。

おまけ①
マクロに起きている相手を後ろに倒す（チルト）

おまけ②
マクロに腰を浮かしている相手を引き上げる（チルト）

抑え込み編
4章 抑え込みの方法

増補 — **相手に正面を向けない**

大賀幹夫の [そもそも論 01]「位置取りが大事！」

そもそも、パスをする時に相手に正面を向けてしまう人が多いが、格闘技で相手に正面を向けることは少ない。打撃でそんな構えをすることの奇妙さを想像して欲しい。p212からは説明を単純にするために正面からの動きを紹介しているが、実際のスパーでは、上の選手は打撃の試合のように、半身になってフットワークを使って有利な間合いと角度に位置する「位置取り」を行ってから技をかけるようにして欲しい。ここではそれらの動き方のコツを紹介する。

左にパスする

1. 相手に正面を向けている体勢から反復横跳びのような動きをしてもパスは無理。

2. 目線を右に向けたり爪先を右に向けたりして、相手にフェイントをかける。

3. フェイントは左に動く「タメ」。相手が反応したら爪先の向きを左に変える。

4. 十分に腰をひねると、右足を前に出しても相手の足に引っかからない。

5. 右爪先の力で床を蹴り右足裏を浮かせてから、両足を交差させる力を使って左足裏以外の部分を同時に移動させる。

6. 手で相手に寄りかかって動くと、相手は動けないし、こちらの動きの半径を短くすることができる。

7. ここまでくると、相手の足に寄りかかったまま大股で普通に歩けば相手の足腰は超えている。

8. 自分の足で体重を支えず、腕で相手の足に寄りかかりながら、上半身か膝を相手に近づければパスは完成する。

✕ NGムーブ ▶▶▶ サイドステップはNG（左）

相手に「正面を向け」て「ガニ股」になって「反復横跳び」をすることは、パスができなくなることの条件。この動きはガードワークに慣れていない相手が、ガードを練習するときに使うととても喜ばれるのでそうした場面で使って欲しい。

増補 パスガードは腿を止める

大賀幹夫の[そもそも論02]「思い込みを変よう！」

そもそも、下の体勢からパスをする時、多くの人が当然のようにA方向に動く。しかし、Aの方向に動くがゆえに相手の足腰が自由になってしまい、ガードに戻されてしまう（もちろん相手との実力差によっては成功するが）。

相手が強い場合は思い込みを変えて、B方向に動いて欲しい。パスを完成させる前の手順が増えてしまう気がするが、自分の身体を相手の腿に当てて適切な圧力をかけていれば、相手はガードに戻すことは無理になる。あとはガードに戻されるのを防ぎながら、A方向に動いてパスを完成させればよい。

徹底的に相手の両腿を全身で制するパスガードの一例

1 両手で相手の足を取ってどかし、左肩で相手に圧力をかけた形。

2 左肩を中心にB方向に少し回って、右膝を相手の右腿に当てる。

3 右手を離し、相手の左腰の帯を取る。左手は相手の右足を伸ばし続けている。

4 パスと逆方向（矢印方向）に下がって、自分の腹部を相手の両腿前に当てつつ

5 相手の両膝裏で自分の右膝を右肘を密着させる。これで相手の両足は動かない。

6 相手は右手でこちらの左肩を押してくるので、左手でその右袖をつかむ。この形でパスと判定される。

7 あくまでも前に出ないように、右脇腹で相手の右腿に寄りかかりながら右腰を床に向ける。

8 崩袈裟固の完成。ここからより有利なポジション→極めに進む。

抑え込み編
▶ 4章 抑え込みの方法

増補 立ち姿勢から高度を下げる

大賀幹夫の [そもそも論03] 「大事なのは高度！」

そもそも、立った姿勢は動きやすいので、その体勢からパスを始める人は多い。しかし、ニーオンベリーなら立ち姿勢からでもよいが、マウントの場合は膝が床につくし、抑え込みの場合は上半身が床に近づいて水平になっている。つまり【上半身の高度と向きを大きく変える必要がある】。しかし多くの人は、この要素が頭から抜けていてパスができない。ここでは「高度を下げる」という一見簡単なようで、この競技ならではのコツがつまった動きについて説明する。

▶ パターン1　**相手にエビをしてもらって間合いを調整する**

1　トレアナの打ち込みに困っている人は多い。相手のエビを利用してみよう。

2　まずは時計回りに45°ほど移動する。間合いは近すぎず遠すぎず。

3　下の人には右を向いてもらおう。実戦ではこれが自然に起こる動き。

4　足を近づけず、相手に寄りかかるようにして相手の両膝をつかむ。

5　相手にエビをしてもらう。間合いが少し開くがそれは実はありがたいこと。

6　両腕を伸ばして重くしたまま、左膝を着く。これで高度が下がっている。

7　次に左肩を相手の下腹に乗せる。これで上半身が水平になった。

8　相手が作ってくれた間合いに自分の身体が入ってこのポジションが取れる。

▶ パターン2　**自分が相手から離れて、間合いを作ってトレアナポジションを作る**

1　相手の両膝をつかんだ所から。決して足を前に進めない。

2　左足を浮かして後ろに下げ、左足裏が着いていた所付近に左膝を着く。両腕は伸ばしたまま寄りかかる力をかけ続けたまま。

3　左肩を相手の下腹に乗せる。早く乗せる必要も衝撃を与える必要もない。ゆっくり乗せてからじんわりと圧を増やすコツを身につけよう。

4　左肩が重くなったら、右足を浮かせて自然に伸ばしたところで床に着く。右足が床についたら、左膝を浮かせて足をある程度伸ばして床に着く。これでポジション完成。

抑え込み編
4章 抑え込みの方法

[増補] 実戦でのコンビネーション例

転がすパスに対する防御例とそれに対するコンビネーション例

1 p213の相手を転がす方法は万能ではない。対応を知っていれば防ぐのは容易。

2 まずはどの方法に対しても対応できるようニュートラルな体勢。

3 相手が転がしに来た場合、逆らったら支点ができて潰されてしまう。

4 これは抵抗して潰されてしまった悪い例。上にとっては良い例。

4' 逆らわずに下を向いて、左足で床を支えると腰が浮き始める。

5' 首も胴体も十分に曲げて丸くしておくと、自分の身体が転がりだす。

6' 両足を大きく広げて回すと、上はコントロールできなくなる。

2" 相手を向こうに転がす一手詰めがダメな相手なら手間を掛けることが必要。

3" 両手で相手の片足をつかんで、相手から遠ざかりながら土下座する。

4" この体勢は非常に大事な基本姿勢。ここから様々なパスに変化できる。

5" 相手が足を回してガードに戻そうとしたら、オーバーアンダーに入れる。

4''' 相手がすねのガードを入れて来たら、右手を回して相手の足を抱えにいく。

5''' 右手で相手の右膝をつかむと、相手の両足を両腕でかかえたことになる。

6''' 相手の足を潰す。前に進まず頭は相手の腿、胸は相手の膝の外に当たっていることに注目。

7''' 相手の足が潰れてから、必要最低限だけ前に出てパスを狙う、相手の腿は止め続ける。

8''' 両腕を伸ばしてパスを完成させる。胸と胸でなく腹と腹が当たっている。

219

抑え込み編
4章 抑え込みの方法

増補 — 胸を合わせた抑え込みの適用範囲と限界

大賀幹夫の[そもそも論04]「一般的なパスガード？」

そもそも上の写真のような、「自分の胸と相手の胸を合わせた抑え込みが一般的」ということになっているが、そこに初心者さんの上達を阻害する理由の一つがある。パスガードを分類すると、
①相手の片足をまたぐ→上半身を固める→からまれている足を抜く→パスガード
②相手の両足を（横に、上に、下に）どかす、もしくは足の間を突っ切る→パスガード
の2種類になる（私論だが）。そしてこの、自分の胸と相手の胸を合わせた一般的な抑え込みの形は、足抜きからの抑え込みの時にしか成立しないと言ってよい。実際に考えてもらえばわかるだろうが、トレアナ、両足担ぎ、スマッシュパス、クロスニーパスなどで抑え込んだ直後は上の写真のような形にならず、各パスガードの最終形の形で抑えているはずだ。つまりパスガードの数だけ抑え込みの形があるのだ。多くの初心者はそれを知らないため、足抜き以外のパスガードをかけても最後はこの一般的な抑え込みで抑えようと変化してしまうのでスキができて、相手にガードに戻されている。これは単に知識不足の問題なので、同意できる方はそういう目で自分や他人のスパーリングを観察してみると良いだろう。

❌ NGムーブ ▶▶▶ 一般的な抑え込みが不適な例

相手の両足を横にどかしているのに、相手の足を制している自分の両手を離して、胸と胸を合わせにいきながら、相手の首と脇をすくおうとしているので、相手の足腰が自由になってしまいエビをされて→ガードに戻されている

増補 パスしたければ下がる！

大賀幹夫の [そもそも論05] 「1歩下がれば2歩前進」

そもそも「パスは前に進むものだ」「プレッシャーはかけ続けるものだ」という思い込みはとても強い。しかし、その思い込みがアダになる状況も多い。戦略的に1歩下がれば結果的に2歩前進、となることも多い。ここではそのことに絞って説明する。

1 両手が相手の右足に当てれるギリギリの間合いまで前進した場面。しかし、パスしようと足を近づけると相手に上半身を密着させることはできない。

2 P117のバーピーの動きは、両足を相手から離れる方向に伸ばしていることに気づいて欲しい。

3 足を遠ざけることで上半身を密着できている。

4 パスを止められてしまったら、左肩でいくら圧力をかけ続けても意味がない。

5 両膝を着いて体重を膝にかけると、左肩が軽くなるし、膝で歩くことができる。

6 相手をローリングさせるために、自分はヨーイング方向に動く。左肩の高度は自分の筋力で上げている。

7 両手で相手の両膝を引き上げながら、右膝を相手の左尻に当てるところまで動く。

8 相手の身体は左を向いてしまっているので、もうガードには戻されない。右膝を相手の左尻に、左膝を相手の右尻に当てる。膝を相手の胴体にはつけないこと。

「左肩のプレッシャーを緩める」ことが、⑤以降の解になっている。「あそび」を作ることが大事。それがあればより有利になるように動ける。ただし、あそびでできた空間を有利に使えるのは、強い側だけ。ここに対人競技の難しさがあると言える。

※本項の内容は『大賀式 柔術上達論』（大賀幹夫著　日貿出版社刊）p54「円弧で動かす」にも詳しく書かれています

新装改訂版発刊に際しての「あとがき」

　2012 年に晋遊舎さんから『寝技の学校・引き込み編』を出版させていただき、それから「抑え込み編」「絞め技編」と続き、2016 年に「関節技編」と、寝技の学校の 4 部作を制作しました。その時の出版形式はムックだったので再販は行われず、初版発行後は品切れになっていましたが、この度、日貿出版社さんから新装改訂版として発売していただく運びとなりました。本シリーズが再び日の目を見ることになって、著者としても嬉しい限りです。

　引き込み編と抑え込み編は、故・鈴木章太郎さんが編集してくれました。単に技を羅列するだけでない、今までにない形式の本を作成するに当たり、鈴木さんには大変なお手間とご迷惑をおかけしたことは今でも申し訳なく思っています。企画書をお送りしたのは 2009 年でした。それから出版まで 3 年かかっていることを考えると、いかに難産だったのかが分かります。写真と動画も一回撮影したのですが、紆余曲折の後、再度新しく撮り直す、という手間までおかけしました。そのかいあって、本は好評でした。品切れになってから、古本は 1 万円を超える値段で取引をされましたし、本書を出版してから「ねわざワールドグループ」は全国に急拡大を始めました。私の無謀な形になっていないお願いに対して、同じ柔術愛好者であるという心意気で応え、通常の仕事としての作業を遥かに超える負担を処理しつつ数々の問題を解決して、素晴らしい作品を形にしてくれた鈴木さんには心からお礼を申し上げるとともにご冥福をお祈りします。

　本シリーズと 2022 年に出版した『大賀式柔術上達論』（日貿出版社）を合わせると、合計 932 ページの分量を寝技について書いたことになりますが、主観では全然足りません。寝技を全体的にまとめるには百科事典並みの分量が必要だと思います。しかし、これからそれを一年に一冊作ったとしても、自分の現在の 53 歳という年齢を考えれば、作れても 25 冊程度でしょう。そう考えると一刻も早くそれにとりかかる必要を感じます。なんのためかと言われると、単に自分がやりたいからです。寝技を体系化することができなかったら、死んでも死にきれません。そう思えるものと人生でであえた、というのは本当に幸せなことです。それは決して完成しない作業ということは分かっていますが、やらずにおれないことなので、これからも続けていきます。出版側の方から見たら本当にはた迷惑なこんな私を支えてくれている日貿出版社の編集者の下村さんはじめ、家族とねわざワールド関係者、柔術関係者及び、私のベースである七大学柔道関係者には心からの愛とお礼を捧げます。

2024 年 7 月　大賀幹夫

〈引き込み編〉初版版 Staff
実演・解説 大賀幹夫
プロデュース 鈴木章太郎
企画・編集 BJ・Ken
スチール撮影 久住文高
DVD 撮影・編集 喜多 淳
装丁・デザイン 森 雄大
技の受け手
水野普之、飯野健夫

〈抑え込み編〉初版版 Staff
実演・解説 大賀幹夫
プロデュース 鈴木章太郎
企画・編集 BJ・Ken
スチール撮影 久住文高
DVD 撮影・編集 喜多 淳
装丁・デザイン 森 雄大
ヘアスタイリスト 矢田和子
イラスト 堤 由美
技の受け手
水野普之、飯野健夫

大賀幹夫主宰［ねわざワールド］について

ねわざワールド（略称：ねわワ）とは、大賀幹夫が主催する寝技を好きな方々のための集まりです。「寝技を知りたい、練習したい」という方々を対象としています。1999年5月に活動を開始しました。無理な押しつけをせず、気楽に寝技を楽しめるということをモットーとしています。2022年7月現在、国内は岩手から鹿児島まで、海外を含め約70グループにて展開しています。入会希望の方は、まずは気軽にお電話（080-6640-7438）またはメール（oga390@gmail.com）でご連絡ください。

支部制度 ねわざワールド加入希望グループ受付中

ねわざワールドでは、加入道場、サークルを募集しています。大賀と面識のない方々のグループでも全然かまいません。基本的に、寝技を好きな人はみんな友達だと思っていますので。

【加入条件】
❶ねわワ HP の概略に書いてある趣旨にご賛同いただけること
❷月に 2 回以上、2 名以上で、1 時間以上練習していること
❸費用は入会費 10,000 円と毎月の会費が必要
（メンバーが 3 名以下であれば 6,000 円／支部。4 名以上であれば 9,000 円／団体。税別）

【加入のメリット】
❶大賀の技術指導の動画が見られます。
❷大賀が年に 1 回、無料で各団体を訪問して技術指導をいたします（2回／年以上も有料になりますが、可能です）。
❸技術的質問などがありましたら、質問を動画で送っていただければお答えいたします。また、試合やスパーの映像を送っていただければ、ワンポイントアドバイスなどいたします。
❹大賀は各連盟公認指導者なので、各加入団体も各連盟に登録できます。また、各団体の代表及び会員さんへの帯の認定も可能です。

各種サービス 大会・セミナー・Web サイト等の活動

▶ **出張セミナー・個人指導について**
各地への出張セミナー。調布や千代田や新宿の道場での個人指導も行っています。

▶ **大賀幹夫テクニック動画サイトについて**
日本人初のオンラインビデオトレーニング！2010 年 9 月から運営しています。柔術の技を大賀が解説＆実演している動画を見られるサイトです。視聴に必要な会費は、2,000円／月（税別）です。

▶ **大賀幹夫自主制作 DVD について**
「ベリンボロ」「柔術講座」など様々な寝技技術について、大賀が映像で解説したものを販売しています。なお、家庭用ビデオカメラで撮影したものなので、画像や音声はそれなりです。ご了承ください。

いずれも、詳細はこちらにご連絡ください

ねわざワールドグループ公式 HP（ねわざワールド加入希望受付）
https://newaza-world.jimdofree.com/

大賀道場公式 HP
https://oga-dojo.com/

大賀幹夫 HP（大会・セミナー・オンライン動画等の活動情報）
https://ogamikio.jimdofree.com/

寝技の学校［海賊版］

初版時に、本のスペースや DVD の収録時間の問題で完全に説明しきれなかった動画を［海賊版］としておまけ DVD として発売したところ、予想外の反応がありました。画質的には当時のもののため見づらいところもありますが、技術的には今見ても参考になるところがあるので、こちらで公開することにしました。お楽しみいただければ幸いです。（大賀）

引き込み編　　　　　　　　　　　　　　　　　　　　　　　抑え込み編

本書は晋遊舎より発売された『大賀幹夫の寝技の学校』（引き込み編・抑え込み編）を合本し、新装改訂版として編集したものです。文章中に登場する日時や肩書は初版当時（2012年）当時のものです。

本書の内容の一部あるいは全部を無断で複写複製（コピー）することは、法律で認められた場合を除き、著作者および出版社の権利の侵害となりますので、その場合は予め小社あてに許諾を求めてください。

新装改訂版
大賀幹夫の寝技の学校　上巻（引き込み編・抑え込み編）
●定価はカバーに表示してあります

2024年9月2日　初版発行

著　者　　大賀 幹夫
発行者　　川内 長成
発行所　　株式会社日貿出版社
東京都文京区本郷 5-2-2　〒113-0033
電話　（03）5805-3303（代表）
FAX　（03）5805-3307
振替　00180-3-18495

写真　糸井康友
カバーデザイン　野瀬友子
モデル　羽原克明、小島健史（引き込み編）
　　　　天野健治、羽原克明、尾上浩（抑え込み編）
印刷　株式会社シナノ パブリッシング プレス
© 2024 by Mikio Oga ／ Printed in Japan
落丁・乱丁本はお取り替え致します

ISBN978-4-8170-6040-2　　http://www.nichibou.co.jp/